요한일서강해를 통한 영성 건강진단

영성 있는 그리스도인

최 명 덕 저

한 글

서 문

　예수님의 눈빛 머무는 곳에 우리의 눈빛 머물고, 예수님의 발길 머무는 곳에 우리의 발길 머물고, 예수님의 손길 미치는 곳에 우리의 손길 미친다면, 우리는 주님과 깊이 교제하는 사람이라 할 수 있을 것이다. 그리스도가 우리 안에 산다는 고백을 할 수 있을 것이다. 그러한 사람은 영성 있는 그리스도인이라 할 수 있다.

　그러나 현실은 그렇지 못하다. 하나님과의 친밀한 교제가 깨졌기 때문이다. 요한은 요한일서에서 그 원인을 밝히고 그가 누렸던 하나님과의 친밀한 교제가 누구에게나 가능함을 알린다. 하나님과 관계는 있으나 교제가 없어 천국을 경험할 자리에서 지옥을 경험하는 사람들, 고백은 있으나 그에 상응하는 삶이 없어 껍데기뿐인 위선적 삶을 사는 사람들, 죄의 문제를 처리하지 못하여 고통스럽게 사는 사람들, 오랜 신앙생활에도 불구하고 영적으로 성장하지 못하여 남에게 피해를 주며 사는 사람들, 이단에 빠져 고통 당하는 사람들, 하나님을 사랑한다면서도 형제와는 원수로 지내는 사람들, 등등의 문제를 진단하고 그에 대한 처방을 제공한다. 당신은 영적으로 얼마나 건강한가? 요한일서로 진단하고 처방을 받으라. 당신도 건강한 그리스도인이 될 것이다.

본서는 주석이 아니다. **주석이 본문을 설명한다면 본서는 본문의 진리를 독자의 삶에 직접 적용한다.** 독자들이 본서에서 얻을 내용은 본문에 대한 석의와 강해 과정을 거쳐 얻은 성서적 진리에 대한 실용적 적용이다. IVP에서 번역 출판된 John Stott의 The Bible Speaks Today 시리즈와 같은 철학을 갖고 집필되었다. 다른 점이 있다면 더 쉽고 감동적인 책이 되기 원하여 독자에게 더 따뜻하게 접근하고자 노력하였다.

본서를 읽는 사람은 본인의 영성에 대한 건강 진단을 받게 될 것이다. 본서를 읽고 그대로 행하는 사람마다 영성 있는 건강한 그리스도인이 될 것이다. 이 책은 건강한 신앙생활을 원하는 신자를 위한 책이다. 오랜 신앙생활에도 불구하고 기쁨이 없는 사람이라면 이 책을 통하여 영성이 회복되기 바란다. 상록수 같은 사랑과 우정의 사람 아내에게 이 책을 바친다.

2004년 2월
건국대 연구실에서
최 명 덕

목 차

서 론

한국인만큼 하나님을 추구하는 민족도 드물다. 산골마다 자리잡은 수많은 기도원, 연일 그치지 않는 산상집회, 새벽기도, 철야기도, 산기도, 서원기도, 통성기도, 묵상기도, 큐티, 성경공부, 제자훈련, 신앙 세미나 등등 형태는 달리하지만 이 모든 것이 하나님과 가까워지고 싶다는 표현일 것이다.

어떻게 하면 하나님과 가까워질 수 있을까? 하나님과 가까워지려는 노력은 매우 귀하지만 한편 매우 위험할 수도 있다. 노력한 만큼 오히려 하나님과 멀어지는 사람이 될 수도 있기 때문이다.

교회에 다닌다고 누구나 다 영성 있는 건강한 그리스도인이 되는 것이 아니다. 요한일서는 이 문제에 대한 답을 준다. 하나님과 깊은 교제를 나누는 영성 있는 신자가 되기 원하는 사람이라면 이 책을 읽어야 할 것이다. 요한은 이 편지에서 영적 귀족주의에 빠져 있던 영지주의자들의 잘못된 영성운동의 문제점을 날카롭게 지적하며 진정한 그리스도인의 삶이 어떠해야 하는가를 구체적으로 제시하다.

하나님을 모르는 사람이 그 분이 어떤 분인지 알기 원한다면 성경 중 어느 책을 읽으라고 권할까? 복음서이다. 복음서를 읽는 동안 독자는 예수님의 삶과 죽음, 십자가와 부활을 접하게 될 것이고, 그 과정을 통하여 예수님을 만나게 되고, 하나님을 알고 믿게 될 것이기 때문이다. 사복음서 중에서도 이스라엘의 풍습이나 관습 등을 잘 모르는 사람에게 부담 없이 소개할 만한 책은 요한복음이다.

요한은 요한복음을 통하여 예수님의 생애를 소개하며 그를 통하여 가능한 구원의 길을 보여준다. 그러나 이미 구원받은 성도임에도 불구하고 하나님과 깊은 교제를 누리지 못하는 사람에겐 요한일서를 소개하면 크게 도움이 될 것이다.

이 편지는 신자를 대상으로 쓰였으며 기독교인이 갖게 되는 문제들과 이에 대한 처방, 그리고 영성 있는 그리스도인의 진정한 모습은 어떠해야 하는지 잘 보여준다. 요한일서가 어떠한 책인지는 요한복음과 비교하면 이해가 쉬워진다.

요한복음이 예수 그리스도를 통한 신자의 하나님과의 관계 설정에 대하여 말한다면 요한일서는 그 설정된 관계를 어떻게 유지 발전시킬 것인가에 대하여 말한다.

요한복음이 영생이 무엇이고 어떻게 영생을 얻는가에 대해서 가르친다면 요한일서는 영생의 삶이 어떠해야 하는가에 대하여 가르친다. 요한복음이 불신자가 신자가 되는 길을 제시한다면 요한일서는 신자가 신자답게 사는 길을 보여준다. 요한복음이 구원의 길을 제시한다면, 요한일서는 받은 바 그 구원을 어떻게 누릴 것인가에 대하여 가르친다. 요한복음을 읽는 독자가 하나님과 새로운 관계를 맺게 된다면, 요한일서를 읽는 독자는 이미 소유하고 있는 하나님과의 거룩한 관계를 더욱 깊이 계발하게 된다. 요한복음을 읽는 독자가 잃어버렸던 영적 아버지를 만나게 된다면 요한일서를 읽는 독자는 그 아버지와 친밀한 교제를 나누게 된다. 그러므로 하나님과 친밀한 교제를 원하는 사람이 있다면 요한일서를 읽어야 할 것이다.

배 경

본 편지에는 집필자의 이름이 밝혀져 있지 않다. 그러나 초대교회 이래로 이레니우스, 알렉산드리아의 클레멘트, 터툴리안 등의 교부들에 의하여 사도 요한으로 알려져 왔다. 현대 비평가들에 의하여 요한의 저작설이 도전 받기도 하였으나 타당한 이유를 제시하는 데 실패하였다.[1] 전통적인 요한의 저작설이 널리 받아들여지고 있다.[2]

수신자가 누구였으며 어디에 살았는지는 그들이 기독교인이라는 것 외에는 밝혀진 바가 없다(2:12-14, 21; 5:13). 초대교회의 전통에 의하면 요한은 팔레스타인을 떠나 에베소에서 수년간 사역하였다. 요한계시록 2장과 3장의 기록으로 미루어보면 요한은 당시 로마의 식민지로 있던 아시아 지역에 있던 교회들의 상황에 대하여 잘 알고 있었다. 따라서 이 편지의 수신자는 요한계시록에 기록된 아시아 지역에 있던 교회의 신자들일 가능성이 높다.[3]

본 편지에서 언급된 거짓 교사들과 그들의 가르침은 당시 아시아에서 유행하던 유대주의, 영지주의, 도케티즘, 세린투스의 가르침 등을 암시한다. 이러한 사상들은 나중에 아시아를 넘어 로마 전역으로 확산되었으나 요한 당시에는 아시아 지역에만 유행하고 있었다.

요한의 편지는 신약성서 전체를 통틀어 연대를 확정하기가 가장 힘든 책 중의 하나이다. 중요한 단서 중의 하나는 2장 19절의 내용이다. 거짓 교사들이 주후 60년대에 떠났다고 가정한다면 집필 연대는 유대인의 로마 항쟁 기간인 주후 66년에서 70년 이전인 주후 60년에서 65년 사이일 가능성이 높다. 그렇다면 요한은 이 편지를 예루살렘에서 썼을 것이다.

그러나 대부분의 보수주의 학자들은 요한복음과 요한계시록의 저작 연대와 동시대인 주후 85년에서 97년 사이에 이 편지가 씌었을 것이라고 추정한다. 요한의 저작들을 비교하여 저작 연대를 배열한다면 복음서, 서신서, 계시록의 순서로 보는 것이 내용상 큰 무리가 없다. 그렇다면 주후 90년에서 95년 사이가 가장 타당한 저작 연대로 보인다. 요한이 인생의 후반부를 에베소에서 사역하며 보낸 것을 생각할 때 이 편지가 쓰인 장소는 에베소일 가능성이 가장 높다.

제1장

영성 없는 그리스도인에게 보내는 편지

그러나 잘못된 영성 운동을 막아주는 편지
(요한일서 1:1-4)

들리고, 보이고, 만져진 하나님

"우리가 들은 바요 눈으로 본 바요 주목하고 우리 손으로 만진 바라." 요한은 1절에서 '우리'[1]가 경험한 사실을 보고한다. '우리'는 어떤 대상에 대하여 직접 귀로 듣고, 눈으로 보고, 자세히 살펴보았을 뿐 아니라 만져보기까지 하였다고 요한은 말한다.

경험의 방식이 직접적이며 실제적이며 시청각적이고 총체적이다. 그렇다면 무엇을 그렇게 총체적으로 시청각적으로 경험하였다는 말인가? '생명의 말씀'을 그렇게 경험하였다고 요한은 말한다. 희한한 일이다. '생명의 말씀'이라는 추상적인 개념을 구체적으로, 실제적으로, 시청각적으로 경험하였다니 그것이 어떻게 가능한가? 추상적 개념인 '말씀'이 들릴 리 없고, 보일 리 없는데 어떻게 그것을 듣고 보았을까? 물리적으로 존재하지 않는데 어떻게 만질 수 있었을까?

"이 생명이 나타내신 바 된지라." 요한은 이 생명이 나타났기 때문에 우리가 볼 수 있었고 만질 수 있었다고 말한다. 나타나기 전에는

들을 수 없었고, 볼 수 없었고, 만질 수 없었으나, 추상적이었던 것이 구상적으로, 개념적이었던 것이 구체적으로 나타나자 들리고, 보이고, 만질 수 있게 되었다는 것이다. 그렇다면 '생명의 말씀'이 어떻게 나타났는가? 사람으로 나타났다.[2]

추상적으로만 알고 있던 '생명의 말씀'이 역사 가운데 나타나되 사람으로 나타났고 그들이 그를 보았다고 말한다. "이 영원한 생명을 우리가 보았고"라고 요한은 증거한다.

하나님은 영이시다. 눈에 보일 리 없고 손으로 만진다는 것은 더욱 불가능하다. 그러나 요한은 그분을 보고 만졌다. 이 모든 일은 그분이 역사 가운데 인간으로 나타나셨기 때문이다. 요한은 이 사실이 너무도 놀라웠다. 아니 하나님을 볼 수 있다니, 만질 수 있다니, 내 옆에 가까이 계셔서 교제할 수 있다니, 요한은 이 감격을 요한복음 1장 14절에서, "말씀이 육신이 되어 우리 가운데 거하시매 우리가 그 영광을 보니 아버지의 독생자의 영광이요 은혜와 진리가 충만하더라"라고 표현하였다.

본문에서 요한이 말하고자 하는 바는 무엇인가? 그와 그의 사도적 공동체가 경험한 하나님과의 교제는 철학적이거나 추상적인 것이 아니요 직접 보고 듣고 만지는 구체적이요 실제적인 경험이었다는 사실이다. 요한복음은 그가 가까이서 친밀하게 경험한 육신을 입으신 하나님, 예수에 대하여 기록한 책이다. 요한복음은 그가 육신을 입으신 하나님, 예수에게서 보고들은 것에 관한 기록이요 그가 만진 하나님에 대한 기록이다.

영성 있는 신자

'우리'가 '너희'에게 말하고 있다. 이 구절의 '너희'는 누구인가? 편지의 수신자인 '너희'가 구체적으로 누구였는지 어디에 살았던 사람들이었는지 이 편지의 내용만으로는 확실치 않다. 그러나 요한계시록과 연관지어볼 때 당시 소아시아 지방에 살던 교인들일 가능성이 높다. 최소한 확실한 것은 이들이 신자였다는 사실이다(2:12-14, 21, 27). 요한은 거룩한 사도적 공동체인 '우리'가 경험하였던 '영원한 생명'에 대하여 소아시아 지방의 신자들인 '너희'에게 전하고 있다. 요한에 의하면 하나님은 역사 가운데 '생명'으로 나타났고 '우리'공동체에서 '영원한 생명'으로 경험되었다. 본문에서 '영원한 생명'은 예수를 가리킨다.

요한은 요한복음 3장 16절에서, "하나님이 세상을 이처럼 사랑하사 독생자를 주셨으니 이는 저를 믿는 자마다 멸망치 않고 영생을 얻게 하려 함이라"라고 증거하였다. 왜 예수님을 믿으면 영생을 얻는가? 예수님 자신이 '영원한 생명'이기 때문이다. 예수님을 받아들이는 사람은 예수님 자신이신 '영원한 생명'을 받아들이는 것이며, 따라서 누구든 예수님을 믿는 자는 영생을 얻는다.

흔히 영생하면 죽지 않고 영원히 사는 것이라고 이해한다. 큰 오해다. 만일 죽지 않고 영원히 사는 것이 영생이라면 불신자도 영생한다. 불신자도 죽지 않기 때문이다. 불신자에겐 영생 대신 영벌이 있다. 영벌보다 무서운 심판이 없다. 고통이 너무 혹독하여 스스로 목숨을 끊으려 하여도 죽음이 허락되지 않는 영원한 형벌이기 때문이다. 그러므로 단지 삶의 길이만 말해서는 영생의 참 의미를 밝힐 수 없다. 그렇다면 영생은 무엇인가? 요한 자신의 말을 들어보자. 요한복음 17장 3절에서 그는, "영생은 곧 유일하신 참 하나님과 그의 보내신 자 예수 그리스도를 아는 것이니이다"라고 하였다.

하나님과 예수 그리스도를 아는 것이 영생이다. 요한은 영생을 정의하며 삶의 길이에 대하여 말하지 않는다. 오히려 '아는 것'에 관한 삶의 질에 대하여 말하고 있다. 하나님과 그리스도를 아는 삶 그것이 영생이다. 흔히 가까운 사이에, "당신이 나를 안다고 말하면서 어떻게 그렇게 할 수 있어요?"라고 말하곤 하는데 이때 '안다'는 표현은 두 사람 사이에 아주 가까운 교제가 있다는 것을 의미한다. 요한이 사용한 헬라어 '안다(γινώσκω)'라는 용어는 사람과 사람 사이의 매우 친밀한 관계를 표현하는 말로써 남녀 사이엔 육체적으로 관계를 맺는 정도의 친밀도를 표현하는 말로 사용된다.

영생이란 무엇인가? 하나님과 그리스도를 친밀하게 아는 것이다. 하나님과 그리스도를 친밀하게 아는 삶의 질, 그것이 영생이다. 신자라고 다 똑같은 삶의 질을 누리는 것은 아니다. 어떤 신자는 비천한 삶을 살고 어떤 신자는 풍요로운 인생을 산다. 하나님과 관계는 있으나 교제가 없는 신자들은 비참한 인생을 살 수 밖에 없다.

바울의 삶에는 높은 수준의 영생의 삶이 있었다. "그런즉 이제는 내가 산 것이 아니요 오직 그리스도 예수께서 내 안에 사신 것이라"라는 그의 고백은 그가 어떻게 영생의 삶을 살았는지를 보여준다. 예수님이 바울 안에 사신 것이다. 그 예수님이 누구신가? '영원한 생명'이 아니신가? 바울의 인생은 영생의 삶이 극대화된 경우이다. 그는 예수님의 눈으로 세상을 바라보고 예수님의 심장으로 영혼을 사랑하였다. 예수의 발길 머무는 곳에 그의 발길이 머물렀고 예수의 손길 가는 곳에 그의 손길이 있었다. 당연히 그의 삶을 보는 사람은 그리스도를 만나게 되었다. 그러기에 그의 삶은 '그리스도의 편지'였다. 그의 삶을 읽는 사람마다 그리스도를 읽게 되었다. 영생이란 무엇인가? 내 속에 그리스도의 삶을 사는 것이다. 영생을 경험하게 될 때 신자의 삶은 풍성해진다. 그리스도의 향기가 그의 삶에 나타나기 때문이다. 본문에서 요한은 그리스도로 인하여 경험한 영생의 삶의 풍요로움을 너희 공동체에게 전하고 있다. 우리 공동체에 있는 것이 너희 공동체에 없었기 때문이다.

요한의 우리 공동체가 신자라면 편지의 수신자 '너희'도 신자공동체다. 문제는 여기에 있다. '우리' 신자에게 있는 것이 '너희' 신자에겐 없는 것이다. 무엇이 있고 무엇이 없단 말인가? 하나님과의 친밀한 교제가 우리에겐 있는데 너희에겐 없단 말이다. 요한은 어떻게 이 문제를 해결하려 하였는가? 그는 '아들'에게 초점을 맞추었다. 거룩하신 아버지와 가까워지는 길은 아들을 통해서만 가능하기 때문이다. 1절과 2절에서 말한 '생명의 말씀'과 '영원한 생명'은 아버지와 함께 계시던 분이며 예수 그리스도라는 사실이 3절에서 밝혀진다. 1절에서 3절까지의 문맥을 살펴보면 요한은 1절, 2절, 3절 모두 아들 예수 그리스도에 대하여 이야기를 하고 있다. 아들 예수 그리스도를 통하여 아버지 하나님과의 친밀한 교제가 가능했기 때문이다. 아들이 계셨기에 그 분을 통하여 아버지를 보고 만지는 교제가 가능했기 때문이다.

요한이 얻은 결론은 무엇인가? 하나님과의 친밀한 교제는 하나님의 아들을 삶 가운데 생명으로 경험할 때 가능하다는 사실이다. 그러므로 하나님과 가까워지고자 하는 사람은 아들 예수 그리스도와 먼저 가까워져야 할 것이다. 하나님을 알고자 하는 자는 먼저 그리스도를 알아야 할 것이다. 영성 있는 신자가 되는 지름길은 그리스도를 깊이 아는 일이다.

영성 있는 교제권

요한은 편지의 수신자인 너희 공동체가 거룩한 사도적 교제권을 소유한 우리 공동체와 사귀는 것을 원한다. 사귐이란 단어는 헬라어로 '코이노니아(κοινωνία)'인데 공통된 것을 함께 소유한다는 뜻을 갖고 있다. 무엇인가 공통된 것을 함께 소유할 때 서로에게 사귐이 있다. 낚시라는 공통된 취미를 함께 소유한 사람들끼리 모이면 낚시동호회가 생기고 바둑이라는 공통된 취미를 좋아하는 사람들끼리 모이면 바둑동호회가 생긴다. 그러나 낚시가 없으면 낚시동호회가 깨지고 바둑이 없으면 바둑동호회가 깨진다.

그렇다면 요한의 우리 공동체는 무엇을 공통으로 소유하였는가? 그들이 공통으로 소유한 것은 '아버지와 그 아들 예수 그리스도'이다. 낚시 없는 낚시 동호회가 불가능하고, 바둑 없는 바둑동호회가 불가능한 것처럼, 아버지와 아들 없는 신자공동체는 불가능하다. 누구이건 자신의 공동체가 신자공동체임을 주장하려면 반드시 그곳엔 아버지와 아들이 있어야 한다. 중요한 것은 아버지만 아니라 아들도 있어야 한다는 사실이다.

여기서 요한의 강조점은 어디에 있는가? 아들에게 있다. 당시 어떤 사람들은 하나님만 믿는다면 예수 그리스도 없이도 신앙생활이 가능하다고 믿었다. 영성이 있다고 자부하는 사람들 중에 예수님의 신성을 부인하는 사람들이었다.

세상은 영과 물질의 이중 구조로 이루어졌고 영의 세계와 물질의 세계가 혼합될 수 없는 각각의 독자적인 체계를 갖추었으므로 예수님에게 임하였던 하나님의 영은 십자가 처형 전에 떠났다고 주장하였다. 또는 예수님이 십자가 처형 당시 고통스러워 보였으나 겉으로만 그런 것처럼 보였을 뿐 실제로는 아무런 고통도 받지 않았다고 주장하였다. 그들은 예수 없이도 하나님의 영계에 접근할 수 있다고 믿었다. 후에 이러한 사상은 영지주의로 발전하였다. 그러나 요한은 분명히 하였다. "우리의 사귐은 아버지와 그 아들 예수 그리스도와 함께 함이라." 그가 하나님과 친밀한 교제를 나눈 것은 아들을 통하여 가능하였기 때문이다.

요한은 여기서 성도의 사귐이 어떠해야 하는가를 보여준다. 서로 가까워서 매일 만나지 않고는 못사는 처지라 해도 만일 그들의 만남에 아버지가 없고 아들이 없다면 적어도 그들의 사귐은 성서적 사귐이 아니다. 매주 모여 맛있는 음식을 나누며 교제한다 하여도 그곳에 아버지가 없고 아들이 없다면 그들의 사귐을 성서적 사귐이라 할 수 없다. 아무리 자주 만나고 함께 봉사하고 서로 알아주고 왕래한다 하여도 그들의 만남에 아버지가 없고 아들이 없다면 이는 성서적 교제라 할 수 없다. 이런 신자들의 교제는 공허하다. 혹 화려하고 세련되고, 풍성하고 우아해 보여도 아버지가 없고 아들이 없기 때문이다.

이러한 교제권에 있는 사람들은 아버지의 뜻보다는 사람의 체면을 세우기에 힘쓴다. 아버지와 아들은 외면하고 이기적 목적에서 친하려고 애쓴다. 이런 교제권에 속한 사람들에겐 능력이 없다. 영성이 없고 세속적이다. 그러한 사람들은 문화적인 그리스도인 혹은 명목적인 그리스도인으로 전락하게 된다. 그러나 아버지가 있고 아들이 있는 교제권에는 아버지의 주권이 세워진다. 아들의 사랑이 나타난다. 말씀에 대한 순종이 뒤따른다. 이 교제권에 속한 신자들에겐 능력이 있고 사랑이 있고 영성이 있다. 아버지의 뜻이 나타나고 아들의 의도가 나타날 때 비로소 그 모임은 성서적 교제권을 형성하게 된다. 어떤 교제가 거룩한 교제인가? 아버지가 나타나고 아들이 나타나는 교제가 거룩한 교제이다.

영성 있는 신자의 기쁨

요한은 4절에서 편지를 쓴 목적을 밝혔다. 기쁨이 넘치기 원해서다. 그렇다면 본문에서 말하는 기쁨은 어떤 기쁨인가? 하나님과의 친밀한 교제 때문에 갖는 만족감이다. 그들이 소유한 영생의 삶 때문에 갖게 되는 만족감이다. 생명 되신 그리스도를 나의 삶 안에 경험할 때 소유하게 되는 즐거운 감정이다. 신자공동체 안에 생명으로 사시는 예수님을 기뻐하는 감정의 극치이다. 요한의 교제권엔 이 기쁨이 있었다. 요한은 '우리 교제권' 안에 사시는 하나님 되신 예수 그리스도로 인한 환희와 감격의 기쁜 감정을 원하였다. 요한은 기쁨이 있는

것만으로 만족하지 않았다. 기쁨이 충만해지기를 원하였다. 그 기쁨
을 최대한 더 크게 맛보기 원하는 소원으로 편지를 썼다. 요한은 '우
리 신자들'과 '너희 신자들'이 교제함으로 '너희 신자들'도 하나님과의
친밀한 교제를 회복하고 '우리 신자들'이 소유한 성서적 기쁨을 '너희
신자들'도 똑같이 소유하기를 원하였다.

제2장

하나님의 성품을 파악하라

(요한일서 1:5-10)

사도 요한은 하나님과 교제하려면 하나님의 성품이 어떤 분인가를 파악하는 것이 필요함을 가르친다. 그분은 완전한 빛이며 조금도 어둠이 없는 분이기에 그분과 교제하려면 우리에게도 어둠이 없어야 한다. 죄로. 어두운 우리가 그 분과 교제하려면

1) 하나님 앞에서 자기의 죄를 발견하고,
2) 죄를 자백하고,
3) 예수님의 피로 사함 받아 깨끗한 삶을 살아야 한다.

하나님의 성품에 대한 하나님 자신의 진술

어떤 사람과 교제에 성공하려면 먼저 상대방의 성품을 파악해야 한다. 그가 좋아하는 것은 무엇이고 싫어하는 것은 무엇인지 잘 파악하여, 그가 좋아하는 것만 골라서 하면 교제에 성공할 가능성이 높다. 그러나 상대방이 싫어하는 것만 골라서 하면서 그와 친해지기를 바라기는 어려울 것이다. 마찬가지로 하나님과 교제하려면 먼저 그 분의 성품을 파악해야 한다. 왜 많은 사람들이 하나님과의 교제에 실패할까? 그 분의 성품도 제대로 모르고 교제를 시도하기 때문이다.

그렇다면 하나님은 어떤 분일까? 열 사람을 불러다가 그들에게 하나님이 어떤 분인가 물으면 여러 가지 대답이 나올 것이다. 그 분은 이러 이러한 분이니 그분과 교제하려면 이러 이러하게 하라고 가르쳐 줄 것이다. 물론 그들의 이야기를 듣는 것도 유익하다. 그러나 하나님을 알려면 어느 누구의 말보다도 하나님 자신의 말을 듣는 것이 가장 정확할 것이다. 하나님이 스스로 나는 어떠 어떠하다고 설명한다면 그보다 더 정확한 답이 어디 있겠는가? 하나님이 어떤 분인지 제대로 알지도 못하고 자기 생각대로 일방적으로 하나님께 나가다가 실패하는 많은 사람들을 볼 때 하나님의 성품에 대한 그 분 자신의 진술에 귀를 기울이는 것이 지혜로운 그리스도인의 자세라 할 것이다. 사람들이 하나님에 대하여 어떤 견해를 갖고 있느냐보다 더 중요한 것은 실제 하나님이 당신에 대하여 어떻게 말하느냐이다.

하나님은 사람의 생각에 따라 규정되는 분이 아니다. 사람들이 이렇다 하여 이런 분이 되는 것도 아니고, 저렇다 하여 저런 분이 되는 것도 아니다. 흥미로운 사실은 요한은 하나님의 성품에 대하여 설명할 때 자기 의견을 말하지 않고 예수의 말을 인용하고 있다는 사실이다.

요한은 하나님에 대하여 설명할 때, "저에게서 듣고 너희에게 전하는 소식"으로 말한다. '저'에게서 들었다고 하였는데 여기서 '저'는 누구인가? 하나님의 아들 예수이다. 그는 단지 하나님의 아들로부터 들은 소식을 전하고 있는 것이다. 그가 알고 초대교인들에게 소개하는 하나님은 사적 견해가 아니라 하나님의 아들 예수로부터 들은 것이고 들은 사실을 가감 없이 소식의 형태로 전한다.

아버지를 누가 가장 잘 알겠는가? 아들이다. 더구나 그 분은 육신을 입고 이 땅에 오신 하나님 자신이시다. 그 분이 하나님이 어떠한 분이라고 말한다면 신뢰할 수 있을 것이다. 소식에는 나의 견해가 없다. 가감이 있을 수 없다. 나는 사실을 전하는 전달자일 뿐이다. 당신은 하나님을 어떤 분이라고 생각하는가? 당신의 견해는 일단 접어두고 하나님 자신의 말을 들어보자. "우리가 저에게서 듣고 너희에게 전하는 소식이 이것이니 곧 하나님은 빛이시라 그에게는 어둠이 조금도 없으시니라." 하나님은 하나님 자신을 묘사하기를 '빛이시며 어둠이 조금도 없다'고 하셨다.

빛으로 묘사된 하나님의 성품

태초에 하나님이 가장 먼저 창조한 것은 무엇인가? 빛이다. 왜 제일 먼저 빛을 창조하였을까? 그 분 자신이 빛이시기 때문이다. 어린이가 그림을 그리기 시작하면 제일 먼저 사람을 그린다. 자신이 사람이기 때문이다. 마찬가지로 하나님은 빛을 먼저 창조하였다. 구약성서에서 하나님은 빛으로 나타나신다. 떨기나무 불꽃으로, 불기둥으로, 제물을 사르는 불로 나타난다. 신약성서에서 요한은 그의 복음서 서두에서 예수님을 세상에 오신 빛으로 표현하였다. 예수도 자기 자신을 '세상의 빛'이라고 증거하였다. 아버지가 빛이라면 아들도 빛이 되는 것이 당연하지 않은가? 요한뿐 아니라 마태와 누가도 예수님을 빛이라고 증거하였다. 하나님은 어떤 분인가? 그 분은 빛이시다.

빛은 보이게 하는 성질이 있다. 빛 앞에 나가면 무엇이든 환하게 보인다. 어둠 속이라면 숨을 수 있어도 빛 앞에선 숨을 수 없다. 어둠 속에서 전혀 안 보이는 사물이라 할지라도, 빛이 비추면 환하게 드러난다. 빛 앞에선 숨을 길이 없다. 마찬가지로 빛인 하나님 앞에 나가면 모든 것이 드러난다. 어느 누구도 그 분 앞에선 자기 자신을 숨길 수 없다. 그러므로 하나님 앞에 나가는 자마다 어둠에 숨겼던 자기 자신의 죄악을 발견하고 회개하게 된다.

더구나 본문 말씀은 "그에게는 어두움이 조금도 없다"고 증거한다. 헬라어 원어를 보면 이중 부정의 용법을 사용하였다.3) 어둠이 없되 전혀 없다는 표현이다. 어둠이 전혀 없다는 것은 하나님이 빛은 빛이지만 보통 빛이 아니라 완전한 빛이라는 사실을 강조한다. 하나님은 상대적인 빛이 아니라 완전한 빛이다. 따라서 그 앞에 나가면 어떤 작은 어둠이라도 숨길 수 없다.

빛은 순수하다. 그야말로 무공해다. 어떤 불순물도 용납하지 않는다. 신자의 삶은 불신자의 삶에 비해 상대적으로 어둠보다는 빛 가운데 있다. 그러나 신자가 자기 자신의 삶을 조명할 대상은 불신자의 어둠이 아니라 완전한 하나님의 빛이다. '내가 그래도 앞집 아저씨보다는 죄를 덜 짓고 살지. 그래도 이 정도면 신자로서 자격이 있을 거야'라고 생각한다면 큰 오산이다. 하나님이 어떤 분인지 제대로 모를 때 그런 생각을 하게 된다. 하나님은 완전한 빛이므로 아무리 작은 불의도 용납하지 않는다. 앞집 아저씨에 비교하면 꽤나 순수해 보이는 삶이라 할지라도 하나님의 순수하심에 비교하면 얼마나 더러운지 이루 말할 수 없다. 하나님의 완벽하신 성품 때문이다. 그렇다면 하나님은 어느 정도의 순수와 완전을 우리에게 요구할까?

희대의 살인마 박한상 군은 용돈을 주지 않는 아버지를 미워했다. 그는 부모를 야구 방망이로 두들겨 패 죽이고 죽은 아버지와 어머니의 몸에 휘발유를 뿌려 불질러버렸다. 경찰에 붙잡힌 그는 재판을 받게 되었고 사형 선고를 받았다. 당신은 어쩌다 아버지를 미워한 적이 있다. 그렇다고 경찰이 당신을 잡아간 적도 없고 이 일로 재판을 받은 적은 더구나 없다. 그러나 박한상 군과 당신이 하나님의 법정에 나란히 선다면 어떨까? 납득이 안 될지 모르지만 하늘나라의 법에 따르면 당신은 박한상 군과 동일범이다. 그러므로 주께서 말씀하시기를 '형제를 미워하는 자마다 살인자'라고 하셨다. 하나님 앞에 서면 형제를 미워하는 자도 살인자이다. 하나님은 그렇게 완전한 빛이다. 빛과 같이 완전한 하나님의 성품은 외적으로 드러난 죄뿐 아니라 우리의 마음속 깊이 숨어 있는 미움의 동기까지도 환하게 드러낸다. 그 분의 완벽한 성품은 우리 속에 숨어 있는 어떤 불순한 동기도 용납하지 않는다.

한동안 야타족이란 말이 유행하였다. '야타족'이란 말은 청년들이 멋진 차를 몰고 가다 여자들을 보고 "야, 타!" 하고 부르면 거리낌없이 따라나선다는 말에서 유래한 것으로, 신세대의 타락한 성 풍속도를 표현해 주는 용어이다. 그러다 보니 멋진 차를 몰고 다니며 처녀들을 농락하고 돈을 빼앗는 신종 범죄까지 등장하였다. 얼마 전엔 한 대학생이 유흥비를 마련하려고 이런 범죄를 하다가 구속되어 재판정에 서게 되었다. 참으로 개탄할 일이다. 당신은 이성을 생각하며 음욕을 품은 적이 있다. 그렇지만 이 일로 경찰이 당신을 잡아가진 않았다. 이 일로 재판정에 서서 판결을 받은 적은 더더욱 없다. 그러나 범죄한 그 대학생과 당신 두 사람이 하늘나라 법정에 선다면 어떻게 될까? 납득하기 어려울지 모르나 하늘나라 법에 따르면 당신과 그 대학생은 동일범이다. 그래서 예수는 '마음으로 음욕을 품는 자마다 간음한 자'라고 하였다. 이것이 하늘나라의 윤리 표준이다. 하나님은 그 정도로 완벽하고 순수한 분이다. 그러한 하나님의 성품이 '어둠이 조금도 없는 빛'이라고 표현된 것이다.

그러므로 하나님 앞에 나가면 아무리 완전한 사람이라 할지라도 자기 자신의 더러운 모습을 발견하지 않을 수 없다. 오랜 신앙생활에도 불구하고 자기 자신의 죄에 대하여 심각하게 괴로워하고 회개한 경험이 없는 사람이 있다면, 그것은 그가 깨끗해서가 아니라 하나님 앞에 가까이 나간 경험이 없기 때문이다. 당신을 다른 사람과 비교하면 상대적으로 괜찮은 사람일지도 모른다. 그러나 미움을 살인으로 판결하며 음욕을 간음으로 여기는 완전한 하나님의 빛 앞에 선다면 어떨까?

바울은 의로운 사람이었다. 그는 어떻게 하면 의롭게 살 수 있을까 고심하며 항상 율법대로 살려고 최선을 다하였다. 그러나 고백하기를, "나는 죄인 중의 괴수"라고 하였다. 그 당시에 바울보다 타락하고 악하게 산 사람이 없었을까? 과연 바울이야말로 가장 악랄하고 비열한 사람이었을까? 아니다. 그보다 악한 사람이 수없이 많았을 것이고 오히려 그보다 깨끗하게 산 사람이 거의 없었을 것이다. 그렇다면 그는 왜 자기 자신을 죄인 중의 괴수라고 고백했을까? 찬란한 광채를 만났기 때문이다. 다메섹으로 가는 길에서 그는 찬란한 광채 되신 예수를 만났다. 왜 예수님은 찬란한 광채로 나타났을까? 그 분 자신이 빛이기 때문이다. 조금의 어둠도 없는 찬란한 빛 앞에 선 그는 드디어 자기 자신의 모습을 발견하게 되었다. 이때까지 정직하게 살며 철저하게 율법을 지켜 자기야말로 완전한 사람이라고 생각하였지만 완전한 빛 앞서 선 자신의 모습은 이루 말할 수 없이 더러웠다. 자기야말로 '죄인 중의 괴수'였던 것이다.

그러므로 빛 되신 하나님 앞에 가까이 가는 자마다 자기 자신이 죄인인 것을 발견하게 된다. 빛 되신 하나님 앞에 가까이 가면 가까이 갈수록 자기 자신의 더러운 모습이 더 선명하게 드러난다. 이사야같이 깨끗하게 산 사람도 성전에서 하나님을 만난 후 "화로다 내 입이여" 하며 자기의 입이 더럽고 부정하다고 울며 한탄하였다. 오늘날 교회에서 자신의 죄로 인하여 슬퍼하는 모습을 찾아보기 힘든 것은, 우리가 깨끗해서라기보다는, 빛 되신 하나님 앞에 나가기를 꺼리고 어둠 가운데 숨어 죄를 즐기기 때문이다.

하나님의 성품이 반영될 때 지속되는 교제

구원이 하나님의 가족이 되는 자격을 부여한다면 교제는 그것을 누리는 삶으로 나타난다. 교제가 깊으면 깊을수록 그만큼 더 누리는 삶을 살게 된다. 그렇다면 신자와 하나님과의 교제의 정도는 무엇으로 파악할 수 있을까? 하나님의 성품이 그의 삶에 얼마나 나타나느냐를 보아서 알 수 있다. 하나님의 성품이 신자의 삶에 나타나는 정도가 곧 그가 하나님과 나누는 교제의 정도이다.

그러나 많은 사람들이 하나님의 성품을 제대로 파악하지 못하여 하나님과의 교제에 실패한다. 하나님과의 교제에 실패한 신자들은 관계는 있으나 교제가 끊어진 이혼 직전의 부부처럼 천국을 경험할 자리에서 지옥을 경험하며 살고 있다. 비극이 아닐 수 없다. 영적 의사 요한은 본문에서 이 심각한 문제를 해결한다. 6절에서 10절까지의 본문에서 요한은 이러한 신자들의 영적 질병을 진단하고 각 질병에 대한 처방전을 제시한다. 세 종류의 환자가 소개되는데 6절에서 경증의 환자가 8절에선 중증의 환자가 10절에선 가망이 없는 환자를 소개한다. 7절이 6절의 환자에 대한 처방이라면 9절은 8절의 환자에 대한 처방이다. 10절의 환자에겐 처방이 없다.

치료받아야 할 영적 환자들

세월이 흐를수록 원숙해지고 부드러워지는 대신 완고해지고 강퍅해지는 신자가 있다. 어떻게 하나님을 믿는 사람이 저럴 수가 있을까 하고 의심 가는 사람들이 있다. 이들은 하나님과 관계는 있으나 교제가 없는 사람들이다. 관계는 있으나 교제가 없는 신자들의 삶은 결코 행복하지 못하다. 부부라고 다 행복하진 않다. 부부관계가 의심될 정도로 서로 무심하게 사는 사람들도 있다. 그러나 동회에 가서 주민등록 등초본을 확인해 보면 분명히 부부인 것을 확인 할 수 있음에도 남남처럼 사는 사람들이 있다. 관계는 분명해도 교제가 없어서 불행한 것이다.

마찬가지로 도무지 신자처럼 보이지 않는 크리스천들도 있다. 구원받은 경험이 분명한 신자라 할지라도 하나님과 친밀한 교제를 지속적으로 유지하지 않으면 얼마든지 불행할 수 있다. 이들은 영적으로 볼 때 환자들이다. 그렇다면 이 영적 질병의 원인은 무엇일까? 본문에서 요한은 이러한 영적 질병의 원인을 밝히고 병에 대한 처방까지 제공한다.

고백과 삶이 다른 사람들

첫 번째 환자의 증상은 무엇인가? 고백과 삶의 불일치이다. 이 환자들에겐 고백은 있으나 그에 상응하는 삶이 없다. 신자의 고백은 삶으로 증명되어야 한다. 신성한 고백과 어두운 삶이 공존한다는 것은 심각한 모순이다. 본문 6절의 말씀을 보자. 그들에겐 '하나님과 사귐이 있다'는 신앙고백과 '어두운 가운데 행하는' 삶이, 빛과 어둠처럼 극명하게 대조된다. 그들은 빛과 교제한다고 말하면서 실제로는 어둠 속에서 산다. 빛과 교제한다면 빛의 삶을 살아야 하며, 하나님과 교제한다면 하나님의 성품이 반영된 거룩한 삶을 살아야 한다. 빛이 비추면 어둠이 사라짐같이 빛이신 하나님과 교제하면 어둔 삶을 떠나 거룩한 삶을 살게 된다. 그러나 이 환자들은 어둠 가운데 살고 있다. 당신이 어떤 멋진 신앙 고백을 하건 아직도 어둠 가운데 산다면 당신과 하나님 사이엔 교제가 없다.

그렇다면 하나님과 교제가 있다고 말하면서도 실제로는 어둠 가운데 사는 그들의 실상은 무엇인가? 요한은 주저함 없이 그들이 '거짓말쟁이'라고 단정한다. 그렇다 그들은 거짓말쟁이다. 신자의 말과 삶이 모순되는 경우, 그들의 실상은 그들의 말에 있지 않고 행동에 있다.

요한은 그들에겐 '진리를 행함'이 없다고 말한다. 그렇다 그들에겐 진리에 대한 고백은 있을지 몰라도 진리를 행함이 없는 것이다. 유일한 진리는 하나님밖에 있을 수 없다. 요한에 의하면 이 진리가 육체를 입고 역사 가운데 들어왔으니 그 분이 곧 예수이다. 누구든 예수님을 영접하는 사람은 그 안에 하나님을 경험하게 되고 하나님을 경험하는 사람마다 그 분의 거룩한 성품을 드러내는 삶을 살게 되며 이러한 삶이야말로 영생을 누리는 삶이다. 자기 아들을 죽인 사람을 양자로 삼은 손양원 목사는 영생을 누린 사람이다. 자기의 성품으로서는 원수를 죽이고 싶었겠으나, 그는 하나님의 성품을 자신의 삶에 반영시켰다. 이런 사람은 진리를 행한다. 하나님이 진리이기 때문이다.

하나님과 사귐이 있는 사람은 하나님의 성품이 반영된 삶을 산다. 역으로 말하면 하나님의 성품이 반영된 삶을 사는 사람이라야 하나님과 사귐이 있는 사람이라고 할 수 있다. 신앙고백과 삶이 다른 사람, 말과 행동이 다른 사람, 하나님과 사귐이 있다고 말하면서 실제로는 어둠 가운데 사는 사람, 그가 진리를 행한다는 것은 불가능하다.

하나님의 성품이 반영된 삶

주일마다 사도신경은 외우나 그에 합당한 삶이 없는 사람, 그는 고백은 있으나 행동이 없는 신자다. 거룩하게 예배드리고 나오면서 교통법규를 어기며 양보 운전 안하고 싸우는 신자, 고백대로 살지 못하는 부끄러운 신자다. 알맹이와 껍데기가 다른 신자다. 포장지와 내용물이 다른 신자다. 교회수가 늘어나며 술집도 늘어나는 현상, 신문 지상을 메우는 부정, 부패의 주인공 중에 교회의 중직들이 상당 수 포함되어 있는 현상, 어떻게 해석할 것인가? 이 사람들이 6절의 주인 공들이다. "하나님과 사귐이 있다고 말하면서 어둠 가운데 행하는" 사람들이다.

7절은 6절에 대한 해결책이다. 6절이 진단이라면 7절은 처방이다. 영적 의사 요한의 처방전을 살펴보자. 무서운 어둠의 질병을 앓고 있는 환자에게 내린 요한의 처방은 무엇일까? "저가 빛 가운데 계신 것 같이 우리도 빛 가운데 행하는" 것이다. 처방의 내용은 간단명료하다. 행동이다. 마음이 안정되지 않아서 공부가 되지 않는다고 찾아오는 학생들이 있다. 그들에게 가장 좋은 처방은 무엇일까? 공부다. 그런 경우 이렇게 권유해 보라.

"공부해라 그러면 마음이 안정될 것이다. 그러기 싫으면 마음이 안정될 때까지 기다려 보라. 그러다간 평생 공부할 기회를 얻지 못할 것이다. 그러니 지금 당장 공부하라. 그러면 마음이 안정될 것이다."

학문에는 왕도가 따로 없다. 공부가 안되어서 고민하는 사람에게 최고의 처방은 공부하는 것이다. 고백과 행동이 다른 신자 그에게 주어진 처방은 무엇인가? 행동이다. 고백한 대로 사는 것이다. 다른 처방이 없다. 말씀을 실천에 옮기는 것이야말로 최고의 처방이다. 작은 것 하나부터 실천에 옮기면 그 때 얻게 되는 기쁨이 매우 클 것이다. 많은 사람들이 할 수 있는 능력이 있음에도 불구하고 실천에 옮기기를 꺼려 피동적 신앙생활을 하고 있다. 중요한 것은 말이 아니라 행동이다. 고백이 아니라 삶이다.

행동할 때 고백과 삶이 일치하게 되고 잃어버렸던 신뢰가 회복된다. 자기 자신에 대하여 자신감을 갖게 되며 타인에 대하여도 열린 자세를 갖게 된다. 이 때에 얻게 되는 결과를 요한은 '우리가 서로 사귐이 있고'라고 표현한다. 고백에 따른 행동이 전제 될 때 진정한 사귐이 형성된다. 부부관계를 예로 들어보자. 아내에게 사랑한다는 햇빛같이 아름다운 말을 하며 실제로는 저녁마다 방탕한 삶을 사는 남편이 있다면 그는 고백과 다른 삶을 사는 사람이다. 햇빛 같은 말을 하지만 실제로는 어둠 가운데 사는 사람이다. 그런 사람에게서 아내와의 건강한 사귐을 기대하기란 불가능하다. 그러나 다른 여자들을 만나는 것을 끊어버리고 아내와 외식도 하고 꽃도 사주며 다정한 말을 건네는 행위를 한다면 교제가 회복될 것이다. 관계는 있으나 교제가 없어 천국을 누릴 자리에서 지옥을 사는 부부가 얼마나 많은가! 진정한 교제는 고백에 따른 삶이 있을 때에 가능하다. 요한은 이러한 진리를 이렇게 표현하고 있다.

"저가 빛 가운데 계신 것같이 우리도 빛 가운데 행하면 우리가 서로 사귐이 있고". 사귐이 깨진 사람들이 있는가? 처방이 여기 있다. 빛 가운데 행하라. 깨어진 사귐이 회복될 것이다.

고백은 있었으나 고백대로 살지 못하던 사람이 다시 빛 가운데 행하면 이렇게 활기를 잃었던 형제와의 교제가 회복된다. 그러나 거기서 끝이 아니다. 형제와의 교제뿐 아니라 하나님과의 관계에서 깨끗한 삶을 살게 된다. 그것을 요한은 "우리도 빛 가운데 행하면 ― 아들 예수의 피가 우리를 모든 죄에서 깨끗하게 하실 것"이라고 말하고 있다. 어둠 가운데 사는 사람은 자기 자신의 모습을 보지 못한다. 자기 자신이 얼마나 심각한 죄인인지도 모른다. 그러나 빛 가운데 행하는 사람은 조그마한 실수에도 자신의 죄를 심각하게 느낀다. 바로 자기가 오염되었다는 것을 깨닫고 씻어야 할 필요성을 느낀다. 빛 가운데 사는 사람들은 늘 예수의 피의 필요성을 절실하게 느끼며 산다. 그들은 조그마한 잘못에도 곧 예수의 이름으로 회개하고 예수의 피로 깨끗함을 받을 것이다. 순수하며 깨끗할 뿐 아니라 형제와 사귐이 있는 사람, 그는 영성 있는 행복한 사람이다. 그는 어떤 사람인가? 행동하는 사람이다. 이런 사람은 상당한 영향력을 행사한다. 2프로의 행동하는 사람이 98프로의 생각만 하는 사람을 움직인다.

"모든 죄에서 깨끗하게 하실 것이요"라는 요한의 진술은 예수님의 피의 효능에 대한 설명이다. 범위에 있어 어떤 죄든 다 포함된다. 시제에 있어 계속적으로 깨끗하게 하는 능력이 있다. 깨끗하게 하는 동작은 어느 과거 시점에 일회적으로 있다가 멈추어진 일도 아니고 특정한 미래에 있을 동작도 아니고 현재 계속되는 동작으로 표현되어 있다. 그러므로 아들 예수의 피는 무슨 종류의 죄든 그 범위를 초월하여 고백되어질 때마다 현재 그 시점에서 지속적으로 깨끗하게 하는 능력이 있다.

말과 행동이 다른 신자, 고백과 삶이 다른 신자, 그는 거짓말쟁이다. 어떤 멋진 고백을 하건 실제에 있어 그는 진리를 행치 않는 사람이다. 그에게 내린 처방은 무엇인가. 더 이상 어둠 가운데 있지 말고 하나님의 성품을 따라 빛 가운데 실천하라는 것이다. 이중생활을 포기하라는 것이다. 위선적인 삶을 청산하라는 것이다. 겉과 속이 다른 삶을 포기하라는 것이다. 무늬만 기독교인인 삶을 포기하라는 것이다.

자백할 때 가능한 교제

두 번째 유형의 환자를 보자. "늘 씻는 삶을 사시오. 아들 예수의 피가 당신을 깨끗하게 할 것입니다. 그래야 하나님과의 진정한 사귐이 가능합니다."라는 7절의 처방에 대해 이 사람은 이렇게 대답한다. "나는 씻을 죄가 없는 사람입니다. 나에게 예수의 피는 필요치 않습니다." 그들은 죄가 없다고 주장한다. 요한 당시 배경을 살펴볼 때 이것은 거짓 선생들의 주장일 가능성이 높다. 하나님과 깊은 교제를 나누는 최고의 영적 우월성을 지닌 사람에게 어떻게 죄가 있을 수 있겠는가? 죄의 문제를 초월한 하나님과 지극히 가까운, 높은 영적인 경지의 사람들에게 무슨 죄가 있단 말인가? 죄는 저급한 사람들의 전유물이라는 생각이다.

그들에 대한 요한의 진단은 무엇인가. 두 가지다. 첫째로 그들은 스스로를 속이고 있다는 사실이요, 둘째로 그들에겐 진리가 없다는 사실이다. 요한에 의한 진단의 결과, 이들의 영적 질병의 상태는 첫번째 유형의 사람보다 더 심각하다. 6절의 환자는 남에게 거짓말하는 사람이다. 반면 8절의 환자는 자기 자신을 속이는 사람이다. 요한은 이 사람을 '스스로 속이고' 사는 사람이라고 진단하였다. 또 6절의 환자가 진리를 행치 않는 사람이란 진단을 받았다면, 8절의 환자는 그에게 진리 자체가 아예 없다는 진단을 받았다.

9절은 8절의 진단에 대한 처방이다. 죄가 없다고 주장하는 환자에 대한 처방은 무엇일까? 죄의 자백이다. 자백 없이 용서 없고 용서 없이 교제가 없기 때문이다. '자백하다'라는 말은 헬라어의 '호모로고멘(ὁμολογῶμεν)'에서 온 말로 '똑같다' 의미의 '호모'와 '말하다'라는 동사 '로고멘'의 합성어로, '동의하여 똑같이 말하다'라는 뜻을 갖고 있다. 자백하려면 죄에 대한 하나님의 견해에 동의하고 그 분이 말하는 것과 똑같이 말해야 한다. 본인이 아무리 죄가 아니라고 생각해도 하나님이 죄라고 정의하면 동의하여야 한다. 죄에 대하여 다른 말을 해서는 안 된다. 죄의 기준은 하나님이 정하는 것이지 내가 정하는 것이 아니다. 죄에 대하여는 하나님과 똑같은 말을 해야 한다. 그 때에 자백이 가능하다.

자백이 신자의 일이라면, 용서는 하나님의 일이다. 용서하고 안하고는 전적으로 하나님의 권한이요 사람이 결정할 수 있는 일이 아니다. 자백하면 하나님은 용서한다. 하나님의 성품이 그런 분이기 때문이다. "만일 우리가 죄를 자백하면 저는 미쁘시고 의로우사 우리 죄를 사하시며"라고 요한은 증거한다. 우리 죄를 사하시는 이유는 그분의 미쁘시고 의로우신 성품 때문이다. 미쁘다는 말은 믿음성이 있다는 말로, 헬라어 피스토스(πιστός)를 번역한 말이다. 약속을 지키시는 하나님의 신실하신 성품을 묘사하는 용어로 쓰였다. 하나님은 회개하는 자를 용서하신다는 약속을 지키심에 있어 믿음성이 있는 분이다. 의롭다(δικαίως)는 말은, 죄를 자백하는 사람을 대하시는 방법에 있어서 공정하신 하나님의 성품을 묘사한다. 그 분은 공정하신 분이다. 공정하기 때문에 아무리 중한 죄를 자백하더라도 아들 예수의 피를 부당하게 다루지 않을 것이다.

특정인의 죄가 너무 중하다고 용서하지 않을 경우 예수의 피를 부당하게 다루는 결과를 가져올 것이다. 하나님은 그렇게 부당한 분이 아니다. '미쁘시고 의로우신'이라는 이 두 용어는 신자의 죄를 다루시는 하나님의 성품을 보여준다. 우리가 자백할 때 그 죄에 대한 용서는 하나님의 성품이 보증한다. 모름지기 신자는 자백하면 용서받을 것을 믿어야 한다. 믿지 못한다면 이는 겸손이 아니라, 오히려 하나님의 성품에 대한 모독이다. 아들이 잘못하였다고 용서를 빌어 용서해 주었는데, 그 후에도 계속 아버지가 나를 용서해주지 않았다고 괴로워한다면 그를 바라보는 아버지의 마음이 어떻겠는가? 이보다 큰 불효가 어디 있겠는가? 용서해준 것을 감사하고 활기차게 살아가는 아들의 모습을 보고 싶은 것이 아버지의 마음이 아닐까? 하물며 세상의 아버지보다 완전하신 하나님은 어떠하실까?

어떤 학자는 이 구절이 신자에겐 적용될 수 없는 말씀이라고 해석한다. 신자는 이미 용서받았기에 다시 용서를 구할 필요가 없다는 것이다. 이러한 해석은 구원을 위한 용서와 이미 구원받은 신자를 위한 용서를 구별하지 못한 잘못된 해석이다. 구원받은 성도라 할지라도 지속적으로 자백하며 씻는 생활이 필요하다. 예수님 자신도 주기도문을 통하여 그의 제자들에게 하나님 앞에 죄의 용서를 구하는 기도를 하라고 가르쳤다. 전자가 불신자의 죄를 다룬다면 후자는 신자 안에 있는 죄를 다룬다. 전자가 하나님의 자녀가 되기 위한 죄의 자백이라면 후자는 하나님의 자녀답게 살기 위한 죄의 자백이다. 본문의 주제는 어떻게 하면 하나님의 자녀로 받아들여지느냐가 아니고 어떻게 하나님의 자녀답게 사느냐이다. 본문의 주제는 구원이 아니고 교제이다. 본문은 불신자가 아니고 신자를 염두에 두고 쓴 편지이다. 요한의 처방 '자백'은 놀라운 효능을 지녔다. 자백하는 자마다 용서받을 것이요 깨끗케 될 것이다.

결론적으로 말하여 지속적인 죄의 자백 없이는 하나님과의 친밀한 교제는 불가능하다. 계속 자백하는 사람이야말로 하나님과 친밀한 교제를 누리는 사람이요 영성 있는 사람이다.

영적 사기꾼

범죄한 적이 없다고 말하는 마지막 환자에겐 처방이 없다. 단지 진단뿐이다. 진단(6절), 처방(7절), 진단(8절), 처방(9절)의 문장 구조가 돌연 처방 없는 진단(10절)으로 끝나면서 이와 같은 사람에겐 전혀 희망이 없다는 사실이 강조되었다. 그들의 문제에 대하여 요한은 이렇게 말한다. "하나님을 거짓말하는 자로 만드는 것이니 또한 그의 말씀이 우리 속에 있지 아니하니라." 이 사람은 자신은 범죄한 적이 없다고 말하여 거룩한 척 위장하고, 그의 위장이 드러나면 자기를 위하여 하나님이라도 거짓말쟁이로 만드는 무서운 사람들이다. 결국 이들은 하나님을 섬기는 사람들이 아니라 하나님을 자기의 업을 위하여 이용하는 사람들이다.

"모든 사람이 범죄하여 하나님의 영광에 이르지 못했다"는 것이 하나님의 계시임에도 불구하고 전혀 범죄한 적이 없다고 주장하여 하나님의 말씀을 정면 부인하면서도, 하나님과 아주 가깝다고 주장하는 자들이다. 겉으로는 영성 있는 신자로 보인다. 그러나 실제는 자기의 유익을 위해서라면 하나님까지도 거짓말쟁이로 만드는 사람들이다. 그들의 실상은 어떠한가? 요한은 말한다. "그의 말씀이 우리 속에 있지 아니하니라." 그들에겐 말씀이 없다. 하나님과는 아무런 교제도 없는 사람들이요 하나님을 욕되게 하는 사람들이다. 하나님은 이런 사람에게 침묵하신다.

똑같은 살과 피를 가진 인생이지만 어떤 사람은 애인도 살해하는 반면 어떤 사람은 원수도 사랑한다. 원수를 사랑하는 삶에 하나님의 성품이 보인다면, 부모를 살해하는 사람의 삶에는 마귀의 성품이 보인다. 하나님의 성품을 파악하자. 그리고 그분과 교제하자.

제3장

예수님 때문에 가능한 교제

(요일 2:1-2)

요한이 가졌던 하나님과의 친밀한 교제는 오늘 우리에게도 동일하게 가능하다. 그럼에도 불구하고 많은 그리스도인들은 하나님과 무관한 듯 교제 없는 쓸쓸한 삶을 산다. 하나님과의 교제가 깨졌기 때문이다.[1] 그러므로 그리스도인은 모름지기 죄짓지 말고 하나님과 친밀한 교제를 유지해야 한다. 죄야말로 하나님과 성도를 갈라놓는 가장 큰 적이다. 그러나 부득이 죄를 지었다면 어떻게 할 것인가? 그 일로 인하여 하나님과의 교제는 완전히 끊어진 것인가? 혹 끊어졌다면 다시 회복할 수 있는 길은 없는가? 요한은 가능하다고 대답한다. 어떻게 가능한지 살펴보자.

교제하려면 죄짓지 말라

2장 1절은 '나의 자녀들아'라는 부드럽고 친절한 말로 시작된다.[2] 편지 서두부터 일관되게 사용된 호칭 '우리' 대신, 아버지가 어린 자녀들을 부를 때 쓰는 다정한 가족적인 용어 '테크니아'가 사용되었다.[3] 헬라어 '파이디온'이 일반적으로 어린이를 지칭하는 중립적인 용어라면, '테크니아'는 똑같이 어린이를 가리키지만 보다 가족적인 용어이다. 개역성경은 본문의 '테크니아 무'를 가족적인 분위기를 살려 '나의 애들아'라고 번역치 않았고, '나의 자녀들아'라고 번역하였다.4) 이는 마치 아버지가 그의 어린 자녀에게 따뜻한 애정을 갖고 말하는 듯한 인상이다. 여기서 우리는 요한에게서 자녀를 안타깝게 여기는 따뜻한 아버지의 모습을 발견한다.

이렇게 분위기를 바꾸어 가면서까지 말하고자 하는 요한의 메시지는 무엇인가? 죄짓지 말라는 것이다. 그의 말을 직접 들어보자. "나의 자녀들아 내가 이것을 너희에게 씀은 너희로 죄를 범치 않게 하려 함이라." 여기서 '이것'은 1장 5절부터 10절까지의 내용을 가리킨다.5) 너희는 1장 5절에서부터 10절까지 내가 밝힌 대로 그런 죄의 삶을 살지 말라는 것이다. 빛과 같은 하나님의 성품은 죄를 미워하니 하나님과 교제하려면 죄짓지 말라는 권면이다.

그렇다면 하나님과의 친밀한 교제를 유지하기 위하여 죄짓지 말라는 것이 본문의 핵심인가? 물론 죄짓지 말라는 것은 아무리 강조해도 지나침이 없을 만큼 중요한 내용이다. 그러나 그것이 본문의 핵심은 아니다. 오히려 본격적인 논의는 이제부터 시작이다. 논의 발단은 "그렇지만 만일 누가 죄를 범하면"이다. 여기에 요한이 말하고자 하는 중요한 메시지가 있다.

변호사가 필요한 신자

신실한 그리스도인이라면 누구나 죄짓기를 싫어한다. 그러나 현실은 어떠한가. 죄를 짓는 경우가 있다. 구원받은 신자로서 죄를 짓다니 괴로운 일이다. 그러나 이때 냉정해야 된다. 그 문제를 해결하기 위해 친구를 찾아가거나 누구에게 달려가 말하기 전에 먼저 해야 할 일이 있다. 요한에 의하면 이 때 가장 먼저 해야 할 일은 우리에게 대언자가 있다는 사실을 기억하는 것이다. 대언자는 누구인가? 대신하여 말해주는 사람이다. 이 용어는 헬라어 '파라클레톤'의 번역이다. 문자적으로는 '격려하거나, 위로하거나, 중재하기 위하여 선정된 사람'이란 뜻을 갖고 있으며, 고소당한 죄인을 변호하는 변호사를 가리키는 법률 용어로도 사용된다. 영어 성경에는 '변호사(advocate)'[6]라고 번역되었다.

용의주도한 검사

당신이 죄를 지으면 어떤 일이 일어나는가? 하늘나라 법정을 보자. 먼저 검사의 논고가 있다. 논고란 무엇인가? 피고의 범죄 사실을 밝히고 그 죄의 내용에 합당한 형벌을 요구하는 행위이다. 누가 검사의 역할을 하는가? 형제들을 참소하는 자, 그는 사탄이다(계 12:10). 그런데 이 검사에겐 조금의 허술함도 없다. 혹 부모에게, 아내에게, 친구에게 숨길 수 있는 죄가 있을지 몰라도, 이 검사로부터 피할 길이란 없다. 재판장 되신 하나님은 정의로우신 분이므로 조금의 오차도 없이 심판하신다.

피고에 대한 검사의 증거가 확실하면 재판장은 그의 논고를 받아들일 수밖에 없다. 문제는 이 검사가 보통 검사와는 달라서 당신의 일거수일투족을 전부 알고 있다는 데 있다. 당신은 이미 잊어버린 마음속 생각까지도 기록으로 보관하고 있는 것이다. 그러므로 용의주도하고 면밀한 이 검사의 논고를 피할 길은 전혀 없다. 이제 당신에겐 남은 것은 심판에 대한 두려움과 절망뿐이다. 죄를 짓는다는 것은 이렇게 무서운 일이다.

예수 변호사 선임

이 때 두려움에만 떨지 말고 해야 할 일이 있다. 변호사를 부르는 일이다. 요한은 우리에게 말한다. "나의 사랑하는 자녀들아, 너희에게 변호사가 있다는 사실을 잊지 마라." 그렇다면 그 변호사는 어떤 분이기에 이 문제를 해결할 수 있다는 말인가? 요한이 소개하는 이 변호사는 보통 변호사가 아니다. 어떤 분인지 알아보자. 그의 이름은 '예수'이다. '예수'라는 말은 히브리어 '예수아'에서 온 것으로 '구원'이란 뜻을 갖고 있다. 따라서 이 변호사는 '구원' 전문 변호사이다. 그의 또 다른 이름은 '그리스도'이다. 그리스도란 말은 히브리어 '메시아흐'에서 온 말로 '기름부음 받은 자'란 의미를 갖는다. '기름부음 받은 자'라는 말은 '특수 임무를 위하여 특별히 선정된 자'라는 뜻을 갖고 있다. 이 말에서 '메시아'라는 말이 왔고, 헬라어에서는 '크리스토스'로 영어에선 '크라이스트'로, 한국어로 '그리스도'로 번역되었다.

그렇다면 이 변호사는 어떤 분인가? 당신을 구원하기 위한 목적으로 특별히 당신을 위해 선정된 변호사이다. 더욱이 이 변호사는 의로우신 변호사라고 요한은 증거한다. 무슨 말인가? 당신을 위한 그분의 변호 역량은 그분의 성품이 보증한다는 말이다. 이는 그가 하나님의 법이 요구하는 모든 정의를 이루기 위한 요건을 이해하고 또 그 조건을 충족시킬 능력이 있으며 사건을 해결할 수 있다는 것을 의미한다. 요한은 이 모든 사실을, "우리에게 대언자가 있으니 곧 의로우신 예수 그리스도시라"라는 짧은 문구에서 설명하고 있다. 문제가 있는가. 아무 말 말고 당신의 전담 변호사인 예수 그리스도에게 맡기라.

화가 나신 하나님

하나님이 화가 났다. 무엇 때문인가? 당신의 죄 때문이다. 죄와 함께 할 수 없는 하나님의 거룩한 성품이 도무지 당신의 죄를 용납할 수 없는 것이다. 당신이 저지른 죄에 대하여 하나님의 거룩하신 성품이 만족할 수 있는 유일한 길은 당신이 지옥에 가는 일이다. 그곳에 있는 것이 너무 괴로워 목숨을 끊으려 해도 끊지 못하고 가혹한 고통 속에서 죽지 못한 채 계속 살아야 하는 영원한 형벌, 그것만이 당신에 대한 하나님의 거룩한 분노를 누그러뜨릴 수 있는 유일한 해결책이다. 그것이 지옥의 존재 이유이다. 그리고 그것만이 완전하신 하나님의 공의가 세워지는 유일한 길이다.

어떤 사람은 '나는 큰 죄는 모르고 비교적 선하게 살았으니까 하나님이 용납해주실 거야'라고 생각한다. 큰 오해다. 하나님의 성품을 잘 모르기 때문에 하는 말이다. 의사의 작은 실수로 단 한 방울의 더러운 피가 몸에 들어가 당신이 에이즈로 죽게 되었다면, 당신은 화가 나지 않을까? 단순히 기술적인 실수로 그렇게 된 것인데 뭘 그리 화 내냐고 누군가가 당신에게 말한다면 당신의 심정이 어떻겠는가? 그렇다면 당신이 생각하는 그 작은 죄로 온 세상이 더럽혀졌고 온 우주가 신음하고 있는데, 하나님께서 화가 나지 않으실까? 당신 자신의 형상대로 만들어진 피조물인 인간이 창조주 하나님을 몰라보는데 화나지 않으실까? 아들이 아버지를 공공연히 모르는 사람이라고 공언하며 대든다면 어느 아버지라고 화내지 않을까. 누구든 지옥에 가서 영원한 형벌을 받아도 할 말이 없다. 그것이 인간의 운명이다.

화목 제물된 예수님

그렇다면 사람은 다 지옥에 가서 고통을 받아야 하나? 아니다. 요한은 그 해결책을 "저는 우리 죄를 위한 화목 제물이니"라고 제시한다. 이 문제를 해결하기 위하여 예수께서 우리를 위한 화목 제물이 된 것이다. 똑같은 사실을 요한일서 4장 10절에서는 이렇게 전하고 있다. "사랑은 여기 있으니 우리가 하나님을 사랑한 것이 아니요 오직 하나님이 우리를 사랑하사 우리 죄를 위하여 화목제로 그 아들을 보내셨음이니라".

본문의 '화목 제물'이란 용어는 헬라어 '힐라스모스'의 번역이다. 이 단어는 두 가지 뜻을 갖고 있다. 첫째, 영어의 '엑스피에이션(expiation)'으로 번역되는 속죄·보상의 의미요, 둘째, 영어의 '프로피시에이션(propitiation)'으로 번역되는 화해·달램, 등의 의미이다.7) 온전한 화해가 이루어지기 위해서는 두 가지 요건이 충족되어야 한다. 첫째는 피해에 대한 배상이요, 둘째는 상대방의 화를 누그러뜨리는 일이다. 때에 따라서는 충분한 배상에도 불구하고 상대방의 화가 누그러지지 않는 경우가 있다.

이런 경우 내가 아무리 많은 배상을 하였다 할지라도, 여전히 상대방이 나에 대하여 화가 나 있다면 완전한 화해는 불가능하다. 그러므로 완전한 화해를 위해선 충분한 배상과 더불어 상대방의 화를 완전히 누그러뜨리는 일이 필요하다.

예를 들어보자. 김 집사가 병원에 입원하였다. 회사에서 일하던 중 무거운 물건이 목에 떨어져 크게 다친 것이다. 의료진의 노력에도 불구하고 그의 하반신이 마비되었다. 억울한 그는 회사를 상대로 고소하였다. 재판은 승리였다. 10억원의 배상을 받은 것이다. 모든 사람들은 이렇게 많은 배상을 받게 된 것은 상해 소송 사상 매우 드문 일이라고들 기뻐했다. 이젠 평생 일하지 않고도 먹고 사는 일에 걱정이 없게 되었다. 충분한 배상이었다. 식구들은 움직이지 못하는 그를 극진히 간호하였다.

그러나 일 년도 못 되어 그는 화가 나기 시작했다. 걸을 수 없는 것에 화가 났다. 사랑하는 아들과 공을 찰 수 없는 것이 화났다. 늘 도움을 받아야 한다는 사실이 화났다. 식구들이 다 나간 후 천장만 바라보며 꼼짝 못하는 자기 자신에 대하여 화가 났다. 점점 화가 나는데 이젠 더 이상 견딜 수 없었다. 왜 회사에서는 안전관리를 철저하게 못하여 나를 이 지경으로 만들었단 말인가?

화가 폭발한 그는, 그 원수 같은 회사에 불이나 나 다 타버렸으면 좋겠다는 끔찍한 생각까지 하게 되었다. 많게만 보였던 배상금 10억원은 아무 것도 아니었다. 그 돈이 없어도 옛날처럼 걸을 수만 있고 뛸 수만 있다면 소원이 없었다. 10억 원의 배상만 가지고는 부족했다. 도무지 화가 누그러지지 않는 것이었다. 그는 도무지 회사와 화해할 수 없었다. 이 경우 회사를 통하여 보상은 되었으나 김 집사와 회사 사이에 완전한 화해가 이루어졌다고 볼 수는 없을 것이다.

죄를 지으면 그 문제를 어떻게 처리하였는가 구약 시대를 살펴보자. 죄지은 당사자가 잘못이지만 구약 시대의 유대인들은 자기 자신은 벌하는 대신 소나 양을 제물로 바쳤다. 또 제물을 바치려면 경제적 손실을 감수해야 했다. 이렇게 대가를 지불하는 제물에는 죄를 속한다는 보상의 의미가 있었다. 또 양이나 소를 죽여 피를 흘리게 하여 하나님의 화를 누그러뜨리려는 화해의 의미가 있었다. 이러한 희생 제사는 주후 70년 제2성전이 무너지기까지 계속되었다. 그러나 신약 시대의 성도들은 더 이상 소나 양을 제물로 바치지 않는다. 하나님께서 새로운 속죄의 길을 열어 놓으셨기 때문이다. 다름 아닌 예수의 '화목 제물'되심이다.

어린 양 예수

온전한 화목을 이루자면 범죄자가 사람이니 당연히 사람이 제물이 되어야 했다. 내가 죄인이고 당신이 죄인이니, 내가 제물이 되어야 했고 당신이 제물이 되어야 했다. 그러나 어느 누구도 제물이 될 수 없었다. 흠 때문이다. 흠 많은 제물이 흠 없이 완전하신 하나님께 합당하지 않았기 때문이다. 구약 시대에 절름발이 양이나 눈먼 양은 제물로 합당치 않았던 것처럼, 흠 있는 사람은 제물로 합당치 않았다. 하나님은 나를 보고 당신을 보았다.

그러나 어느 누구도 흠 없는 사람은 없었다. 합당한 제물이 없었다. 흠 없이 완전한 분은 하나님뿐인 것을 어찌하랴. 그러면 하나님이 제물이 되면 안 될까? 그러나 하나님은 영이시라 육체가 없으시니 어찌하랴. 방법은 하나뿐이었다. 이리하여 하나님이 사람이 된 것이다. 이것을 가리켜 성육신이라 한다. 하나님이 사람의 몸을 입으시고 친히 인간을 위한 제물이 된 것이다.

요한은 예수와 함께 먹고 자고 그 분의 가르침을 받고 그 분의 삶과 십자가 부활을 경험한 예수의 제자이다. 후에 그는 예수의 생애를 기록하여 남겼는데 이를 가리켜 요한복음이라 한다. 그는 예수의 생애를 그의 복음서 서두에서, "보라, 세상 죄를 지고 가는 하나님의 어린 양이로다"라고 감격적으로 노래한다(요 1:29). 그가 소개하는 예수의 생애가 대속적 생애이기에, 제물로 바쳐진 분이기에, 인간의 죄를 대신 지고 죽으실 분이기에, 예수를 하나님이 어린양이라고 부른 것이다. 사람의 몸을 입고 오신 하나님 자신이신 예수는 이렇게 화목 제물로 이 땅에 오셨다.

예수가 십자가에 죽어야 했던 것은, 그에게 죄가 있어서가 아니라, 단지 우리의 죄가 그에게 전기되었기 때문이다. 양이나 소가 사람이 아닌 짐승이었던 반면, 예수는 완전한 인간 하나님이었기에 완전한 속죄와 화해의 길을 열어 놓았다. 하나님은 우리의 죄를 보상하기 위하여 당신의 아들을 제물로 내놓았을 뿐 아니라 당신의 거룩한 분노를 누그러뜨리기 위한 속죄 제물로 십자가의 피를 요구하였다.

인간의 몸을 입으신 하나님

서울역 앞에서 장사하던 아주머니 한 분이 도로단속반에 붙잡혀 즉심에 회부되어 판사 앞에 서게 되었다. 다음은 두 사람 사이의 대화다.

판   사 : 아주머니, 아주머니는 공공도로를 불법 점유하고 장사

를 하였으므로 벌금 10만 원이나 구류 삼일에 처합니다.

아주머니 : 판사님, 저는 십만 원이 없습니다.

판   사 : 그러면 삼 일 동안 구류에 처합니다. 다음 분 나오시오.

아주머니 : 판사님, 잠깐만요, 저에겐 이제 세 살밖에 안 된 어린
        것이 혼자 집에 있습니다. 제가 돌아가지 않으면 그 애
        는 굶어 죽습니다.

판   사 : 그러면 벌금 십만 원 내야 합니다. 다음 분 나오시오.

아주머니 : (그녀는 울면서 애원하였다) 판사님, 저는 십만 원이
        없습니다. 오죽하면 그곳에서 장사를 했겠습니까. 그
        렇다고 어린것 때문에 구류를 살 수도 없습니다. 제가
        집에 가지 않으면 어린것이 굶어 죽습니다. 판사님, 도
        와주세요.

아주머니를 측은히 바라보던 판사는 자신의 법복을 벗고 옷걸이에
걸려 있던 양복을 입었다. 아주머니에게로 내려간 그는 자기의 양복
안주머니에서 지갑을 꺼내더니 십만 원을 아주머니 앞에 내어놓았다.
옷걸이가 있는 곳으로 걸어간 판사는 양복을 벗어 옷걸이에 걸고 다
시 법복을 입었다. 그리고 판사석에 가서 섰다.

판   사 : "아주머니, 아주머니에게 공공도로 무단 점유죄로 십만
        원의 벌금이나 삼일간의 구류에 처합니다. 그런데 누군
        가가 아주머니를 대신하여 십만 원의 벌금을 지불했습
        니다. 이젠 돌아가셔도 됩니다. 다음 분 나오시기 바랍
        니다."

당신은 죄를 지었다. 죄의 삯은 사망이다. 죽음만이 유일한 형벌이다. 당신의 힘으론 도저히 해결할 수 없는 무서운 형벌이다. 하나님께서 이 문제를 해결하셨다. 어떻게 해결하셨는가. 예수님을 화목 제물로 보내신 것이다. 당신에겐 벌금을 지불할 능력이 전혀 없다. 이에 재판장 하나님께서 직접 해결책을 마련하셨다.

판사가 법복을 벗듯 하나님은 당신의 몸을 벗으셨다. 판사가 양복을 입듯 하나님은 인간의 육신을 입었다. 그 육신을 입은 하나님, 그분이 곧 예수이다. 아주머니에게 내려가 벌금을 지불하듯, 인간의 육신을 입은 예수는 십자가에 죽음으로 우리를 위한 화목 제물이 되셨다. 다시 양복을 벗고 법복을 입은 판사처럼 죽은 지 삼 일 만에 그는 인간의 몸을 벗어버리고 부활했으며, 지금은 하나님 우편에 계시면서 당신을 위한 대언자, 즉 변호사의 역할을 지금까지 계속하고 있다.

화목의 범위

예수님의 화목 제물로서의 역할은 단지 우리 그리스도인들의 죄만 위한 것일 뿐 아니라 온 세상의 죄를 위한 것이다. 요한은 이 사실을 그 분이 화목 제물 된 것이, "우리만 위할 뿐 아니요 온 세상의 죄를 위하심이라"라고 증거한다.

헬라어 원문을 살펴보면 그러나를 뜻하는 접속사 '알라'를 '우리(의 죄)'와 '온 세상의 죄' 사이에 사용하여 두 가지 죄의 영역이 따로 따로 강조되었다. 두 가지 죄의 영역을 의도적으로 대치시켜 화목 제물로서의 예수의 역할이 기독인이나 비기독인 양쪽에 다 효력이 있음을 강조한다.

그러나 이것을 보편구원주의로 이해하여 누구나 다 자동적으로 구원받는 것으로 오해해선 안 될 줄 안다. 이 구절은 단지 하나님의 구원하시는 사랑에서 제외된 자가 하나도 없다는 것을 강조할 뿐이다. 어느 누구도, 하나님은 특정 종교인이나 민족만을 사랑한다고 비난할 수 없다. 예수는 모든 사람을 위하여 화목 제물로 십자가에서 죽었다. 그러나 오직 이 사실을 믿고 받아들이는 자에게만 구원의 능력이 된다.

아버지의 거룩하심과 위대한 사랑

두 아들이 있었다. 작은 아들은 아버지에게 자기의 재산을 나누어 달라고 요구하였다. 재산을 분배받은 작은 아들은 먼 나라로 가서 살았다. 아버지 없는 삶은 자유롭고 즐거웠다. 그러나 그것도 잠시 그는 허랑방탕하여 재산을 다 허비하여 빈털터리가 되고 말았다. 결국은 돼지 치는 곳에 취직하여 돼지들이나 먹는 쥐엄 열매로 겨우 허기를 면하고 사는 비참한 신세가 되었다. 그러던 어느 날 집 생각이 났다. "내 아버지 집에는 먹을 것이 많은데." 그는 자기의 잘못을 깨닫고 회개하였다. 집으로 돌아가 용서를 빌기로 결심하였다. 감히 아들로 받아달라기보다는 품꾼의 한 사람으로 받아주시면 열심히 일하겠노라고 아버님께 간청하기로 마음먹었다.

집이 가까워지자 이제나저제나 늘 밖에서 기다리던 아버지가 반갑게 달려나와 아들의 목을 끌어안고 입을 맞추었다. 여기서 주는 교훈은 무엇인가? 하나님은 거룩하여 더러운 돼지우리에 머무르진 않는다. 그러나 그 분은 사랑이기에 늘 문 밖에서 이제나저제나 안타까운 마음으로 기다린다. 아버지는 그에게 좋은 옷을 입히고 손에 가락지를 끼워주고 새 신을 신겼다. 아들의 신분을 회복시키신 것이다. 아버지는 살진 송아지를 잡고 큰 잔치를 베풀고 많은 사람들과 기쁨을 나누었다.

성도가 죄를 자백하면 하늘나라에선 잔치가 벌어진다. 새 옷을 입히고 새 신을 신기고 송아지를 잡는 축제가 벌어진다. 끊어졌던 하나님과의 친밀한 교제가 회복된다. 누구나 죄를 자백한 사람은 더 이상 돼지우리에 살 필요가 없어지고 아버지 집에서 아버지와 교제하며 기쁨으로 살게 된다. 하나님과 교제가 회복되면 천상의 복을 지상에서 누리게 된다.

죄는 교제를 깨뜨린다. 그러나 더 이상 혼자 고민할 필요가 없다. 우리에겐 위대한 변호사가 있다. 그 분에게 달려가면 된다. 변호사는 비밀을 지켜준다. 그 분에겐 무슨 말이건 할 수 있다. 우리의 변호사 예수께 달려가자. 그 분이 계신 한 하나님과의 친밀한 교제는 영원히 가능하다.

제4장

하나님을 아는 사람

(요일 2:3-11)

누가 하나님을 아는 사람인가? 성경을 많이 읽은 사람인가? 성경을 많이 암송하는 사람인가? 찬송을 잘 부르는 사람인가? 기도를 많이 하는 사람인가? 무엇을 보고 그가 하나님을 진정 아는 사람인지 아닌지 알 수 있을까? 여러 가지 기준을 제시할 수 있다.

요한이 본문에서 보여준 기준은 이 중 어느 것도 아니다. 그렇다면 요한이 제시한 기준은 무엇인가? 계명을 지키는가의 여부이다. 요한에 의하면 계명을 지키는 사람은 하나님을 아는 사람이다. 계명을 지키는가 안 지키는가의 여부가 그가 진정 하나님을 아는지 모르는지를 분별할 수 있는 시금석이다.

계발되어야 할 관계

모든 신자는 하나님과 관계가 있다. 이 관계는 어떻게 계발되는가? 요한에 의하면 관계의 계발은 계명을 지키는 일로부터 시작된다. 부부관계의 예를 들어보자. 관계는 있으나 교제가 없는 부부가 많다. 이런 부부에겐 기쁨이 없다. 교제 없는 관계는 굴레요, 고통이요, 지옥의 사슬이다. 따라서 천국을 경험하여야 할 관계에서 지옥을 경험하고 있다. 교제의 기쁨에 대해 이야기하려면 신혼여행이나 데이트 하던 시절까지 돌아가야 한다. 그 이후는 지옥이다. 이러한 부부의 문제를 해결하려면 어떻게 해야 하는가? 해결책은 의외로 간단하다. 계명을 지키는 일부터 시작해야 한다. 무슨 굉장한 일을 부탁하는 것이 아니다. 단지 가장 기본적인 예의부터 지키라는 것이다. 남편은 아내에게 부드러운 말로 대하고 아내는 남편에게 공손한 말로 대답하는 것이다.

이 정도라면 사람과 사람 사이에 기본적으로 지켜야 될 예의이다. 아내를 봐도 아무런 느낌도 없고 오히려 짜증만 나는데 어떻게 부드러운 말로 아내를 대하느냐고 질문하는 남편이 있을 것이다. 바로 그것이 문제다. 감정에 의존해선 실패할 수밖에 없다. 계명의 단계는 느낌과 관계없이 당연히 해야 할 것을 실천에 옮기는 단계다. 하기 싫은 숙제지만 숙제를 하는 것이 학생의 의무이기에 억지로라도 하는 것처럼, 싫은 감정이 있어도 남에게 부드럽게 말하는 것은 기본적인 예의이기에 아내에게도 부드럽게 말하는 것이다. 남편이 얄밉고 밉지만 계명이기에 유순한 말로 대답한다. 일단 이렇게 감정에 관계없이 계명에 순종하면 화가 누그러지고, 서로에게 부드러운 마음이 생기며, 결국은 사랑하는 마음까지도 생기게 된다.

매일 사랑하며 살아도 시간이 모자라는 아깝고 짧은 세월인데 남남처럼 혹은 원수처럼 싸우고 상처받으며 긴 세월을 허비한다면 이보다 더 큰 비극이 따로 없다. 그러나 이보다 무서운 비극은 하나님과 멀어진 신자의 비극이다.

하나님과 관계는 있으나 교제는 없는 신자 그러한 사람의 신앙생활엔 활력이 없다. 기쁨이 없다. 세월이 지날수록 성격이 굳어지는 신자가 있다면 자기 자신의 신앙을 점검해 보아야 한다. 오랜 신앙생활에도 불구하고 하나님을 모르는 사람이 있다면 혹 내가 그런 사람이 아닌가 살펴보아야 한다. 구원은 받은 것 같은데 신앙생활이 무기력한 사람도 마찬가지다. 이런 사람은 계명을 지키는 일부터 시작해야 한다. 우선은 감정에 의존하지 말고 기분에 관계없이 하나님의 계명부터 하나하나 지켜나가는 것으로 새롭게 시작해야 할 것이다.

계명을 지키는 삶

계명이란 무엇인가? 유대인들은 계명을 가리켜 '미쯔바'라고 한다. 반드시 지켜야 할 종교적인 의무요 법인 미쯔바는 유대인으로서 지켜야 하는 최소한의 의무 사항들을 일컬으며, 이 계명을 지키지 않으면 유대인의 자격을 잃게 된다. 유대인이 되려면 반드시 할례를 받아야 한다. 계명이기 때문이다. 안식일을 지켜야 한다. 계명이기 때문이다. 할례를 받지 않고는, 안식일을 지키지 않고는 유대인이 될 수 없다. 구제를 해야 한다. 남을 경제적으로 돕지 않고는 신앙이 있는 유대인이라 할 수 없다. 계명이기 때문이다. 이런 이유로 모든 유대인의 가정엔 구제함이 있고, 가난한 사람이라 할지라도 예산을 세워 생활비의 일부를 구제비로 사용한다. 가난해도 해야 한다. 계명이기 때문이다. 계명을 지키는 데는 예외가 있을 수 없다. 계명은 모든 사람에게 적용되는 최소한의 의무이다. 여기서 요한이 말하는 계명은 기독교인이라면 지켜야 할 최소한의 법을 가리킨다.

아침에 일어나면 학생은 학교에 가야 하고 직장인은 직장에 가야 한다. 선생님이 숙제를 내면 학생은 숙제를 해야 한다. 이러한 일들은 기분과 관계없이 반드시 해야 하는 것들이다. 예외가 있을 수 없다. 오늘은 기분이 좋지 않다고 결석하거나 결근하는 것은 누구에게도 용납되지 않는다. 숙제할 마음이 안 생겨서 숙제를 해 오지 않았다는 변명은 어느 선생도 용납하지 않는다. 기분이 좋건 나쁘건 당연히 숙제를 해야 한다.

어머님이 아이에게, "너 방 좀 치워라"라고 명령할 땐 당연히 아이가 그렇게 할 것을 기대하고 명령하는 것이며, 아이는 당연히 부모님의 명령에 순종한다. "어른들을 보면 먼저 인사하여라"라고 주문할 때 역시, 아이가 따르리라고 믿고 명령한다. 이러한 일들은 기분에 관계없이 기본적으로 지켜야 될 사항들이다. 그러니 누구든 이러한 기본적인 원칙들을 무시하고 깨뜨리면 삶의 균열을 경험하게 된다. 학생이 자기 마음 내키는 대로 결석하고, 직장인이 기분에 따라 결근한다면 그 학생이나 그 직장인의 인생이 어찌 되겠는가.

신자의 삶도 마찬가지다. 기분에 관계없이 기본적으로 지켜야 하는 원칙들이 있다. 이 기본이 되는 원칙이 다름 아닌 계명이다. 건실한 신앙생활의 첫걸음은 느낌과 관계없이 하나님의 계명에 무조건 순종하는 것으로 시작된다. 아침에 일어나 피곤하고 귀찮아도 직장으로 향하는 직장인처럼, 하기 싫어도 매번 숙제를 해 가는 학생처럼, 느낌이 있건 없건 계명에 순종하는 길만이 하나님을 아는 지름길이다. 학교 가는 것이 힘든 학생은 아직 상당히 미숙한 학생이다. 숙제하는 것이 괴로운 학생이라면 그가 성공적인 학생이 되기 위해선 아직 건너야 할 단계가 많다. 마찬가지로 기본적인 계명을 지키는 것이 힘든 신자는 자기 자신이 아직도 미숙한 상태에 있음을 깨달아야 한다.

하나님을 안다고 말하면서 그의 계명을 지키지 않는 사람이 있다. 그런 사람은 하나님을 모르는 사람이다. 이런 사람은 말은 있으나 기초적인 삶도 없는 사람이다. 고백된 신앙과 실제 삶이 상반된 사람이다. 말로는 하나님과 교제한다고 하면서도 실제로는 하나님의 기본적인 명령조차도 지키지 않는 위선자이다.

요한은 이런 사람의 정체를 단정적인 한 마디로 규정하였다. 이 사람의 정체는 거짓말쟁이다. 당연히 이런 사람에겐 진리가 없다. 천하의 미사여구로 자기는 하나님과 특별한 관계를 갖고 있으며 자기만큼 하나님을 아는 사람이 없다고 하여도, 그를 어려워하고 두려워하고 부러워하기 전에, 과연 그가 하나님의 계명을 지키는 사람인지 아닌지 그의 삶을 먼저 검증할 필요가 있다. 그의 말과 삶 사이에 차이가 있다면, 그가 어떤 주장을 하건 그는 위선자요 거짓말쟁이요 그에게 진리를 기대하는 것은 어리석은 일이다.

이 사실을 요한은 요한일서 2장 4절에서, "저를 아노라 하고 그의 계명을 지키지 아니하는 자는 거짓말하는 자요 진리가 그 속에 있지 아니하되"라고 표현하였다.

완료 시제형 신자

3절과 4절에 보면 '안다'는 단어가 각 절에서 한 번씩 모두 두 번 사용되었다. 3절에선 완료형이, 4절에선 현재형이 사용되었다. 신자는 진실로 하나님을 아는 완료 시제형 신자와 겉으로만 하나님을 아는 현재 시제형 신자의 두 종류로 나뉜다. 완료 시제형 신자는 하나님을 경험으로 아는 신자다. 반면에 현재 시제형 신자는 하나님을 머리로만 아는 신자이다. 하나님을 아는 경험은 현재 시제가 아니고 완료 시제이다. 신자는 계명을 지키는 경험을 통하여 하나님을 알게 된다.

김 집사와 박 집사가 다툰 적이 있었다. 두 사람은 사이가 안 좋았다. 김 집사가 들어오면 박 집사는 나가고, 박 집사가 들어오면 김 집사가 나가는 사이였다. 서로 봐도 못 본 척하였다. 그러던 어느 날 김 집사는 '네 이웃을 네 몸과 같이 사랑하라'는 계명이 생각났다. 김 집사는 용기를 내어 박 집사에게 복음성가 테이프를 선물하였다. 다음 주 주일 날 교회 주차장에서 박 집사가 김 집사에게 차 트렁크를 열어 달라 하여 열었더니 김치 한 통을 얼른 집어넣었다. 무뚝뚝한 박 집사가 김치를 주다니, 김 집사는 믿을 수 없었다. 그 순간 김 집사는 하나님이 살아 계신 것을 느낄 수 있었다. 계명을 지킨 결과 하나님이 살아 계심을 알게 된 것이다.

과거 일정 시점에서 계명을 지켰더니 그것이 원인이 되어 현재 내가 경험하고 있는 변화된 삶이 있다면 이것이 다름아닌 하나님을 아는 경험이다. 그러므로 하나님을 아는 것은 현재 시제가 아니라 완료 시제를 통하여 이루어진다. 이와 같은 사실을 요한은 3절에서, "우리가 그의 계명을 지키면 이로써 우리가 저를 아는 줄로 알 것이요"라고 표현하였다.

반면에 4절의 신자는 하나님을 안다고 말하지만 그의 정체는 거짓말쟁이이다. 요한은 여기서 '안다'라는 단어에 현재 시제를 사용하였다. 현재 시제형 신자는 머리로만 하나님을 아는 사람이다. 그는 하나님을 안다고 말은 하지만 계명을 지키지 않는다. 계명을 지켜본 경험의 '완료 시제'가 없는 신자, 단지 말로만 하나님을 안다고 말하는 신자, 이런 사람은 하나님을 모르는 사람일 뿐 아니라 거짓말쟁이이다.

이와 같은 사실을 요한은 4절에서, "저를 아노라 하고 그의 계명을 지키지 아니하는 자는 거짓말하는 자요 진리가 그 속에 있지 아니하되"라고 표현하였다. 아무리 그가 거창한 말로 하나님을 안다고 하여도 속지 말자. 그러므로 성경을 많이 읽어서, 성경을 많이 암송하여서, 혹은 대단한 신학적인 지식을 가져서가 아니라, 계명을 지켜서, 성경대로 살아서 하나님을 아는 것이다. 하나님을 알고 싶은가? 먼저 계명을 지켜라.

말씀을 지키는 삶

5절에서 요한은 말씀을 지키는 사람에 대하여 언급한다. 이 구절의 "말씀을 지키는 자"는 3절의 계명을 지키는 사람보다 한 단계 더 성숙한 신자의 모습을 보여준다. 말씀은 계명보다 범위가 넓다. 말씀은 계명을 포함하는 것은 물론 하나님이 한 모든 말을 가리킨다. 말에는 말하는 사람의 의지가 담겨 있다. 말씀에는 하나님의 의지가 담겨 있다. 그러므로 하나님의 의지가 무엇인가 알고 싶으면 말씀을 세심하게 잘 읽어야 한다. 그분의 의지를 깊이 알고 싶다면 묵상이, 언제 어디서나 그분의 뜻을 늘 마음에 담고 살기 원한다면 암송이, 그분의 생각이 어떠한지 전체적인 윤곽과 흐름을 알고 싶으면 통독이 크게 도움이 된다.

계명을 지키는 단계가 느낌에 관계없이 무조건 복종하는 단계라면, 말씀을 지키는 단계는 자발적으로 순종하는 단계이다. 의무적으로 마지못해 복종하는 단계를 넘어서서 스스로 하나님의 뜻을 헤아려 그분의 뜻을 자신의 삶에 적용하는 단계이다. 이 단계에 들어선 신자는 하나님의 뜻을 헤아리기 위하여 말씀을 읽고 묵상하며, 암송하며, 통독하며, 무엇보다도 그분의 뜻을 자신의 삶에 적용하여 영적인 만족감을 직접 삶 속에서 체험한다. 신적인 뜻을 인간의 삶 속에 실현하며, 천상의 삶을 지상에서 체험하는 복을 누리며 산다.

이러한 경험을 통하여 신자의 삶은 그리스도를 나타내는 편지로 타인에게 읽히기 시작한다. 그러한 사람의 삶엔 하나님의 뜻이 나타난다. 이 사람은 하나님을 아는 사람이요, 하나님과 교제하는 사람이다.

하나님의 말씀을 지키는 사람에겐 하나님의 사랑이 그 속에서 온전케 된다고 요한은 증거한다. 원문을 살펴볼 때 여기서 '하나님의 사랑'은 소유격을 어떻게 해석하느냐에 따라 두 가지 해석이 가능하다. '하나님의'라는 소유격을 주격 소유격으로 해석하면 '인간을 위한 하나님의 사랑'이 되고 목적격으로 해석하면 '하나님을 위한 인간의 사랑'이 된다. 문법적으로는 두 가지 해석이 다 가능하다. 그러나 후자보다 전자의 해석이 더 타당하다고 생각된다.

요한일서 4장 7절은 "사랑은 하나님께 속한 것"이라고 말한다. 하나님이야말로 사랑의 원천이요 하나님을 떠나서 사랑을 말하는 것은 불가능하다. 키스트메이커(Kistemaker)는 4절의 진리를 '하나님의 진리'로 해석하며, 같은 맥락에서 볼 때 5절의 사랑도 '(인간을 위한) 하나님의 사랑'으로 해석한다. 그렇게 볼 때 한글 개역성경의 번역 "하나님의 사랑"은 타당한 번역이라고 볼 수 있다.

하나님의 성품대로 사는 삶

요한은, "누구든지 그의 말씀을 지키는 자는 하나님의 사랑이 참으로 그 속에서 온전케 되었,"다고 말한다. 인간 안에 하나님의 사랑이 온전케 될 수 있다는 이 말씀만큼 희망적인 메시지가 있을까? 놀라운 소식이다. 하나님의 사랑이 내 속에서도 온전케 될 수 있다. 생각만 해도 감격이 아닐 수 없다. 요한은 여기서 '참으로'라는 말을 사용하였다.

왜 이런 표현을 사용하였을까? 첫째로, 하나님의 사랑이 신자의 삶 안에서 온전케 되는 것이 실제적인 경험이기 때문이다. 추상적인 가능성을 이야기하는 것이 아니라 실제로 이루어지는 이야기를 하는 것이다. 둘째로, 거짓말쟁이들이 있었기 때문이다. 겉으로는 영성이 있는 신자들처럼 보였으나 실제로는 계명을 지키지 않는 사람들이 있었고 당연히 그들에겐 진리가 없었다(4절). 반면에 말씀을 지키는 사람들에겐 그들 속에 '참으로' 하나님의 사랑이 온전하게 되는 놀라운 경험이 있었고, 그 결과 하나님이 그들의 삶을 통해 나타나서 그들을 보는 사람마다 사랑이신 하나님을 만나는 경험을 하게 되었다. 하나님의 말씀을 지키는 사람에겐 하나님의 사랑이 '참으로' 그 속에서 온전케 된다.

주 안에 거하는 삶

지키는 단계보다 성숙한 단계는 거하는 단계다. 얼마 전에 가족과 함께 로스앤젤레스를 방문하였다. 마침 친구 하나가 한국을 방문하게 되어 집이 빈다면서 자기 집에 머무르라고 하였다. 친구 집에 거하는 동안 우리는 그곳의 편의 시설을 다 사용할 수 있었다. 친구의 집이었지만 내 집처럼 편하게 사용하였다.

그러나 그 집에 거하는 데 무슨 큰 노력이 필요하지 않았다. 그 집을 쓰기 위하여 땅을 판 것도 아니고 무슨 큰 대가를 지불한 것도 아니다. 단지 친구의 허락과 함께 내 집처럼 사용하기만 하면 되었다. 친구의 부엌도 내 부엌처럼, 친구의 주방도 내 주방처럼, 친구의 거실도 내 거실처럼, 친구의 차고도 내 차고처럼 아무 걱정 없이 편안하게 사용하였다. 단지 깨끗하게 사용하고, 청소를 잘 하는 것으로 고마운 친구에게 보답하였다. 그렇다면 무슨 특권으로 친구 집에 거할 수 있었는가? 굳이 특권이 있었다면 내가 그 친구를 잘 안다는 것이다. 그가 아무에게나 집을 내주지는 않을 것이기 때문이다.

어떻게 하면 신앙적으로 거하는 단계에 도달할 수 있을까? 그 분을 잘 알면 된다. 그 분을 잘 알게 되면 그 분 안에 거하게 된다. 영적으로 계속 성장하게 되면 신자는 궁극적으로 주 안에 거하는 단계에 도

달하게 된다. 이 단계에 도달하게 되면 하나님의 뜻에 순종하는 것이
한결 수월해진다.

걷기처럼 쉬운 순종

예수는 하나님께 순종하는 일이 어렵지 않았다. 걷는 것만큼이나
쉬웠다. 걷기 위해 계획표를 만드는 사람은 없다. '오른발을 들을 때
는 왼발의 균형을 확실하게 잡아주어 넘어지지 않도록 조심하며, 오
른발의 뒤꿈치가 최고점에 도달했을 때 왼발의 뒤꿈치를 들어 준다'
등등의 자세한 계획을 세우지 않는다. 그냥 걸으면 된다. 하나님의
말씀에 순종하는 것이 마치 걷는 것처럼 쉬운 단계, 그것이 거하는
단계이다. 그러나 걷는 것이 어려운 사람도 있다.

극도의 허약자나 불구자에겐 걷는 것이 몹시 힘든다. 마찬가지로
영적인 허약자나 불구자에겐 기본적인 신앙생활도 힘에 부친다. 매
주 교회에 출석하는 것이 짐이 되는 사람이 있는가 하면, 십일조는커
녕 주일헌금조차 마음에 부담이 되는 사람도 있다. 그러나 신앙이 성
장하여 거하는 단계가 되면, 매주 출석하는 것은 물론 새벽기도까지
도 가볍고 기쁜 마음으로 참석하게 된다.

예수님의 옷, 예수님의 신발

한번은 길을 가다 보니 매장에서 옷을 팔고 있었다. 폴로 옷이었는
데 아내가 입으면 어울릴 것 같아 얼른 샀다. 기쁜 마음으로 선물했는
데 그 다음 날 보니 엉뚱하게도 딸아이가 입고 있었다. "엄마 건데 네

가 왜 입었니?" 하고 물었더니 엄마가 주셨다고 대답하였다. 조금은
언짢았지만 엄마 옷을 입을 정도로 아이가 컸다는 것이 대견했다. 그
러면서 문득 몇 년 전 아이가 초등학교 2,3학년 때 즐기던 놀이가 생
각났다. 한번은 까르륵 웃고 떠드는 소리에 딸 아이 방을 열어 보니
친구 둘과 함께 있었는데 모두 어른 옷을 입고 있었다. 엄마의 옷을
입고 서로 어른 흉내를 내며 신나게 놀고 있었다. 어린애가 어른 옷을
입은 모습은 너무나 우스웠다. 헐렁한 품에 긴 팔, 땅에 질질 끌리는
치마 하며 전혀 어울리지 않았다. 그러나 그들은 마냥 재미있어 했다.
그 일이 엊그저께 같은데 벌써 많이 컸구나 하는 생각이 들었다.

　지난번엔 아내가 신혼여행 때 입었던 한복을 딸아이가 입었는데
맵시 있게 어울리는 모습에 그만 벌어지는 입을 다물 수 없었다. 그만
큼 큰 것이다. 어설프게 엄마 옷을 질질 끌고 다니며 그 옷자락에 발
이 걸려 넘어지곤 한 게 불과 몇 년 전이었는데 이젠 엄마 옷을 입게
되었다. 엄마 옷을 입어도 전혀 불편하지 않은, 엄마 옷에 거하는 단
계에 도달한 것이다.

　믿음이 성장하면 예수님의 신을 신어도 불편하지 않고, 예수님의
옷을 입어도 불편하지 않은 단계에 도달하게 된다. 이 단계가 거하는
단계이다. 이 단계에 도달하면 힘들이지 않고 예수의 말씀에 순종하
고 예수께서 행한 대로 행하는 단계에 이르게 된다. 요한은 5절에서
이 상태를 이렇게 표현하였다. "저 안에 거한다 하는 자는 그의 행하
시는 대로 자기도 행할지니라." 이런 사람을 만나면 예수를 만난 듯한
기쁨이 있다. 그의 삶에서 예수의 삶을 읽을 수 있기 때문이다. 사람

들은 그런 사람의 삶에서 그리스도의 삶을 읽는다. 바울은 이런 사람을 가리켜 '그리스도의 편지'라고 하였다. 그분 안에 거하라. 그분의 편지 같은 인생이 될 것이다.

새 계명, 사랑의 계명

3절에서 6절까지의 본문이 수직적 관계라 할 수 있는 신자와 하나님과의 관계에 대하여 말한다면, 7절부터 11절은 수평적 관계라 할 수 있는 신자와 형제와의 관계에 대하여 말한다. 수직적 관계가 말씀에 대하여 순종하는 모습으로 나타난다면, 수평적 관계는 형제에 대한 사랑으로 나타난다. 계명과 말씀에 순종하여 주 안에 거하는 단계까지 성장한 신자는, 그의 성숙한 신앙을 형제와의 관계를 통하여 증명해야 한다. 하나님과의 수직적 관계는 형제와의 수평적 관계를 통하여 검증되어야 한다.

요한은 7절 말씀에서 새로운 차원의 계명을 소개한다. 요한은 이 계명을 '새 계명'이라고 표현하였다. 3절과 4절에서 신자가 지켜야 할 계명을 언급할 때에 복수 명사를 사용하였던 요한은, 7절에서 '새 계명'을 언급하며 단수 명사를 사용한다. 새 계명은 모든 계명을 하나로 묶는 계명이다. 이 계명은 모든 계명을 하나로 묶어 대표할 수 있는 계명이고, 이 계명 하나만 지키면 모든 계명을 다 지키는 것과 마찬가지이기에, 이 계명은 새로운 차원의 계명이다. 따라서 이 계명이 '새 계명'이다. 그렇다면 새 계명은 무엇인가? 본문 2장 10절의 내용을 보면 형제를 사랑하는 것이다. 요한복음을 보면 이 새 계명이 무엇인지 분명해진다.

요한은 요한복음 13장 34절에서, "새 계명을 너희에게 주노니 서로 사랑하라 내가 너희를 사랑한 것 같이 너희도 서로 사랑하라"라고 말하였다. 새 계명은 서로 사랑하는 것이다. 이제 새 계명이 무엇인지 분명해졌다. 그렇다면 7절의 "내가 새 계명을 너희에게 쓰는 것이 아니라 너희가 처음부터 가진 옛 계명이니 이 옛 계명은 너희의 들은 바 말씀이거니와"라는 말은 무슨 말인가? 새 계명을 이야기하며 또 말하기를 이것이 새 계명이 아니라 옛 계명이라니 무슨 말인지 이해가 쉽지 않다. 무슨 말인지 살펴보자.

여기서 요한이 말하는 '사랑의 계명'은 옛날부터 있던 계명이다. 레위기 19장 18절은 "이웃 사랑하기를 네 몸과 같이 하라"고 말한다. 그러므로 '사랑의 계명'은 옛날부터 있던 옛 계명이다. 그렇다면 어떻게 이 옛 계명이 새 계명이 될 수 있을까? '서로 사랑하라'는 옛 계명은 신자의 삶에 적용될 때 새 계명이 된다. 하나님을 안다고 말하면서도 형제를 사랑하지 않는 사람에게는 이 계명이 옛 계명으로 머물겠지만, 이 계명을 실천하는 자에게는 새 계명이 될 것이다. 해마다 신년이 되면 새로운 태양이 떠오른다. 사람들은 그 태양을 보며 새로운 미래를 다짐한다. 그 태양은 새로운 태양이다. 그러나 그 태양은 예전에도 떠올랐던 옛 태양이기도 하다. 작년에도 떴고 천 년 전에도 떴던 태양이다. 그러나 해맞이를 하며 새로운 미래를 꿈꾸는 사람들에게 그 태양은 새로운 태양인 것이다. 요한은 본문에서 예수께서 계명의 으뜸으로 가르치신 형제 사랑을 강조한다. 형제를 사랑하는 사람은 모든 계명을 지킨 것이다.

그 밖의 계명에 대하여 염려할 이유가 없는 것이다. 그런 의미에서 '서로 사랑하라'는 계명은 옛날부터 있었지만 새 계명이다. 사랑의 계명은 모든 계명을 하나로 묶는 새 계명이다.

형제, 리트머스 용지

형제가 서로 사랑하는 일이야말로 계명의 완성이다. 그러므로 누구든지 계명을 온전히 지키고자 하는 사람은 형제를 사랑해야 한다. 형제를 미워하는 사람은 하나님을 모르는 사람이다. 형제와 불화하면서도 하나님을 안다고 말하는 사람은 실제는 하나님과 불화 속에 있는 사람이다. 형제를 미워하며 하나님을 사랑한다는 것은 불가능하다. 형제는 신자의 성숙도를 시험하는 리트머스 용지이다.

기독교인에게 주어진 계명은 형제 사랑이다. 계명이란 무엇인가? 반드시 지켜야 할 의무이다. 그러므로 형제를 사랑하지 않는 사람은 기독교인이 될 수 없다. 그렇다면 어떻게 하는 것이 사랑하는 것일까? 형제와의 관계에서 하나님께서 해야 할 일을 하는 것이다. 사랑은 행동이다. 그가 혐오스러운 외모를 지녔더라도 그에게 해야 할 일을 하는 것이다. 그가 비천한 사람이라도 그에게 해야 할 일을 하는 것이다. 그가 미운 사람이라도 그에게 해야 할 일을 하는 것이다. 적이라 할지라도 그에게 해야 할 일을 하는 것이다.

하나님을 믿는다고 말하면서 형제를 미워하는 자는 어두운 가운데 있는 사람이다. 스스로 빛 가운데 있다고 말하지만 사실은 거짓말이다. 어둠에 있는 사람이 자기가 어디에 있으며 어디로 가야 하는지 그 길을 모르듯, 형제를 미워하는 사람은 자기가 어디에 있으며 어디로 가야 할지 전혀 모른다. 아무리 거룩해 보여도, 완벽해 보여도 형제를 사랑하지 않는 사람은 하나님을 모르는 사람이다. 속지 말자. 그런 사람은 계명을 지키는 일부터 다시 시작해야 한다. 하나님과의 친밀한 교제는 형제 사랑을 통하여 검증되어야 한다.

안 보이는 하나님, 보이는 형제

어느 병원의 지하실에 들어갔다. 지하실에는 병원 전체의 난방 체제를 가동하는 거대한 보일러가 있었다. 한눈으로 파악이 안 될 정도로 거대한 규모였다. 기사의 말에 의하면 그 보일러에 들어 있는 뜨거운 물로 병원 전체를 따뜻하게 한다고 하였다. 그는 기사로서 해야 할 중요한 일 중의 하나는 보일러에 항상 물이 가득 차 있도록 물이 없어질 때마다 보충하는 일이라고 하였다. 그러나 어떻게 그 집채만큼 거대한 보일러에 물이 가득 차 있는지 아닌지 알 수 있단 말인가? 더구나 물이 뜨거울 텐데 뚜껑을 열어보고 계측하는지 어떤지 궁금하였다. 그에게 물었더니, 그는 "뚜껑을 열기는요. 아니에요. 여기 보세요, 여기 손가락 모양의 계기판 있지요? 이 계기판에 물이 가득 차 있으면 보일러에 물이 가득 차 있는 것이구요, 삼분의 일이 비어 있으면 보일러에도 그 만큼 물이 비어 있는 것이에요."

그는 보일러 옆에 달려있는 손가락 만한 계기판을 보여주었다. 계기판에는 물이 가득 차 있었다. 보일러 뚜껑을 열어보지 않고도 물이 가득 차 있다는 것을 알 수 있었다.

하나님은 너무 커서 그 안을 들여다볼 수 없는 거대한 보일러와 같다. 그러나 계기판을 통하여 손쉽게 보일러를 파악하듯, 사람들은 신자들의 삶을 보고 하나님을 파악한다. 기독교인의 삶, 그것은 하나님의 성품을 보여주는 계기판이 되어야 한다. 하나님의 성품을 올바로 보여주는 계기판이 되어야 한다. 이는 새 계명, 즉 사랑의 계명을 실천할 때 가능하다. 기독교인들이 이웃을 사랑하는 모습을 보게 될 때 세상 사람들은 하나님이 사랑이심을 깨닫게 될 것이다.

제5장

성장하는 그리스도인

(요일 2:12-17)

문장 구조 분석

아이, 청년, 아비는 한 인간의 성장 과정을 설명하는 용어이며, 가족적인 관계를 나타내는 용어이다. 인간은 아이로 태어나서 청년기를 거쳐 아버지가 되기까지 성장한다. 본문에서 요한은 편지의 수신자가 하나님과 보다 친밀한 관계를 계발하기 원하는 의도에서 신자가 경험하는 영적인 단계를 마음에 두고 이러한 용어를 사용하였을 것이다. 본문을 좀더 자세히 살펴보자.

요한은 2장 12, 13절에서 자녀들에게, 아비들에게, 청년들에게 각각 말한다. 그는 14절에서 똑같은 말을 아이들에게, 아비들에게, 청년들에게 반복한다. 따라서 14절은 12, 13절의 평행구이다. 이 단락을 잘 이해하기 위해서는 문장 구조에 대한 자세한 관찰이 필요하다. 12절에서 14절까지의 단락은 다음과 같은 구조를 갖고 있다.

제1사이클

자녀들아, 내가 너희에게 쓰는 것은「현재시제」(12절)
아비들아, 내가 너희에게 쓰는 것은「현재시제」(13절)
청년들아, 내가 너희에게 쓰는 것은「현재시제」(13절)

제2사이클

아이들아, 내가 너희에게 쓴 것은「과거시제」(14절)
아비들아, 내가 너희에게 쓴 것은「과거시제」(14절)
청년들아, 내가 너희에게 쓴 것은「과거시제」(14절)

위의 도표를 살펴보면 첫째 자녀, 아비, 청년의 용어가 두 번씩 반복되어 사용되었다. 둘째, 똑같은 형태의 문장 구조가 반복되어 두 개의 사이클을 이루고 있다. 셋째, 6개의 '쓰다'라는 단어 중 처음 세 개는 현재시제로 다음 세 개는 과거시제로 사용되었다.

첫 번째 사이클이 각 단계에서 경험할 수 있는 최소한의 영적 경험에 대하여 기술한다면, 두 번째 사이클은 최대한의 영적 경험에 대하여 묘사한다. 12절의 기록, "자녀들아 내가 너희에게 쓰는 것은 너희 죄가 그의 이름으로 말미암아 사람을 얻음이요"를 살펴볼 때 태어난 아이는 자기의 죄가 용서받았다는 사실밖에 모른다. 그러나 14절, "아이들아 내가 너희에게 쓴 것은 너희가 아버지를 알았음이요"의 내용을 보면 점차 그는 여전히 아이지만 아버지가 누구인지 아는 단계에까지 자라게 된다(14절). 12절의 '자녀'는 헬라어 '테크니아'에서 온 말로 '태어난 아이'가 강조된 반면, 14절의 '아이'는 헬라어 '파이디

온'에서 온 말로 성장한 아이의 독립성을 강조하기 위하여 일부러 단어를 바꾸어 사용한 듯한 인상을 준다.

아버지에 대한 묘사는 13절, "아비들아 내가 너희에게 쓰는 것은 너희가 태초부터 계신 이를 앎이요"의 내용과 14절, "아비들아 내가 너희에게 쓴 것은 너희가 태초부터 계신 이를 알았음이요"의 내용이 똑같다. 아이들이나 청년들의 끊임없는 변화와 성장에 비하여 늘 변함없는 성숙한 아버지의 모습이 강조되었다고 볼 수 있다. 성숙한 그리스도인은 세월이 흘러도 하나님을 향한 모습에 흔들림이 없다. 그는 오직 아버지를 더 깊이 아는 일에 정진할 뿐이다. 13절에 묘사된 청년의 모습은 '악한 자를 이긴' 청년의 모습이다. 청년은 싸운다. 그리고 이긴다. 청년의 덕목은 이기는 데 있다. 그러나 싸우는 청년은 지칠 수 있고 세상의 유혹에 약할 수도 있다. 14절에 묘사된 청년은 강할 뿐 아니라 하나님의 말씀이 그 속에 거하는 힘있는 모습으로 묘사되었다.

이와 같은 두 사이클 사이의 발전적 성장의 모습은 '쓰다'라는 동사 사용에도 나타난다. 12절에서 14절까지 '쓰다'라는 단어가 12절에서 한 번, 13절에서 두 번, 14절에서 세 번 모두 여섯 번 반복 사용되었다.[1] 이중 첫 번째 사이클의 세 단어는 현재 시제를 사용한 반면, 두 번째 사이클의 세 단어는 과거 시제를 사용하였다. 먼저 쓰인 현재 시제가 진행 중인 동작을 표현하고 뒤에 쓰인 과거 시제가 동작의 결과를 나타내는 시제인 것을 감안할 때 요한이 의도적으로 영적 성장의 과정과 시간을 의식한 것으로 보인다.[2]

신자는 태어난다

‘자녀’라고 번역된 헬라어 원문 ‘테크나’3)는 태어난 자녀를 뜻한다. 누구든 하나님의 자녀가 되려면 일단 새 생명으로 태어나야 하며 이를 가리켜 ‘거듭남’ 혹은 ‘중생’이라 한다. 중생의 단계를 거치지 않고 하나님의 자녀가 되는 것은 불가능하다. 그러므로 예수는 니고데모에게 사람이 거듭나지 아니하면 하나님 나라를 볼 수 없다고 하였다(요 3:3). 중생의 경험은 죄를 자백하고 용서받는 일로 시작된다. 그러므로 죄사함이 없으면 중생도 없다. 태어난 자녀에게 확실한 것은 그들이 죄 사함을 받았다는 사실이다. 그런 의미에서 요한은 본문 2장 12절에서, “자녀들아 내가 너희에게 쓰는 것은 너희 죄가 그의 이름으로 말미암아 사함을 얻음이요”라고 말하였다. 죄사함을 얻는 단계, 이 단계는 영적 성장의 전 과정에서 볼 때 시작 단계요 초보 단계이다.

완전한 출생

아기는 태어날 때부터 필요한 모든 것을 다 갖추고 나온다. 눈, 코, 입, 귀, 팔, 다리 등등 인간으로서 필요한 모든 것을 갖고 태어난다. 성장하면서 필요할 때마다 눈이 생기고 팔이 생기는 것이 아니다. 아직 보지 못하지만 눈을 갖고 태어나고 듣지 못하지만 귀를 갖고 태어난다. 걸을 단계가 되어야 다리가 생기는 것도 아니다.

그러나 이렇게 모든 것을 갖추고 완전하게 태어난 아기라 할지라도 성장이 제때에 이루어지지 않으면 지체부자유아가 되기도 하고 바보가 되기도 한다. 3개월 된 아기가 말을 제대로 못한다고 염려하는 부모는 없다. 오히려 옹알이밖에 못하는 그 아기가 귀여울 뿐이다.

그렇지만 일곱 살 된 아이가 제대로 말을 못한다면 큰 근심이 아닐 수 없다.

이제 막 죄사함을 얻은 그리스도인4)도 마찬가지다. 거듭나는 순간 필요한 모든 것을 다 갖춘 새 생명으로 태어난다. 예수를 영접하고 오랜 세월이 지났음에도 불구하고 그리스도인답게 살지 못하는 사람이 있다면 그의 태어남에 문제가 있는 것이 아니라 성장에 문제가 있는 것이다. 출생에는 아무런 문제가 없다. 요한은 이 사실을 요한복음 1장 12 - 13절에서, "영접하는 자 곧 그 이름을 믿는 자들에게는 하나님의 자녀가 되는 권세를 주셨으니 이는 혈통으로나 육정으로나 사람의 뜻으로 나지 아니하고 오직 하나님께로서 난 자들이니라"라고 말한다. 혹 신자의 육신적 출생은 비천할지 몰라도, 영적 출생은 환경과 관계없이 '하나님께로 난 자'이다. 신자의 영적 출생은 그 어떤 환경에도 영향 받지 않는다. 어떤 경우라도 신자의 영적 출생권은 완전하게 보증된다. 비천하거나 부끄러운 출생도, 신분에 대한 사람들의 편견도 신자의 영적 출생의 특권을 해치지 못한다. 하나님 자신이 신자의 영적 출생권을 보증하기 때문이다. '하나님께로서 난 사람'에게 어떤 생득적인 결함이 있을 수 없다. 신자의 출생은 완전하다.

필수적인 성장

갓 태어난 아기는 부모님을 잘 인지하지 못한다. 그러나 분명한 것은 그에게 아버지가 있다는 것이며 성장하면서 점차 아버지가 어떤 분인지 알게 된다는 것이다. 처음 예수를 영접하고 거듭난 신자도 마찬가지다. 처음에는 그의 영적 아버지에 대하여 무지하지만 성장하면서 점차 아버지가 어떤 분인지 확실하게 알게 된다. 성경공부를 통하여, 묵상을 통하여, 자신의 생활 경험을 통하여, 그분의 성품과 의도를 깨닫게 되며, 그분의 뜻대로 살기에 힘쓰게 된다. 14절에서 요한은, "아이들아 내가 너희에게 쓴 것은 너희가 아버지를 알았음이요"라고 하였다. 죄사함을 얻어 거듭난 신자, 그는 갓 태어난 아기 같아서 처음엔 아버지를 잘 알지 못하나 자라면서 곧 아버지를 알아보게 된다.

영적인 의무교육

어린이가 미숙한 것은 문제가 되지 않는다. 문제는 성장이 뒤따라오지 않을 때 생긴다. 성장에 대한 일차적인 책임은 부모에게 있다. 아기를 낳기만 하였다고 부모의 책임을 다한 것이 아니다. 낳았으면 키워야 한다. 아이가 성장하는 데 필요한 음식을 공급해야 하며, 연령에 맞는 교육을 시켜야 한다. 나라마다 연령 상한선의 차이는 있지만 의무교육제도를 두고 있다. 어느 나라는 초등학교 교육을, 어느 나라는 중학교 혹은 고등학교까지의 교육을 의무교육으로 정하고 있다. 사람이 사람 구실을 하기 위해 필요한 최소한도의 교육은 부모뿐 아니라 국가와 사회가 책임을 지겠다는 의지가 제도화된 것이다. 이제 막 거듭난 신자는 성숙한 그리스도인이 되기 위한 모든 것을 갖추고 태어나지만, 커가며 계발되어야 할 가능성일 뿐, 아직은 모든 면에서 어리고 약하다. 이들에겐 조직적인 도움이 필요하다. 국가에서 의무 교육제도를 두어 불편 없는 국민의 삶을 도모한다면, 교회에서도 거듭난 신자들의 건실한 신앙생활을 위한 의무 양육교육이 필요하다. 갓 거듭난 신자가 만나게 될 기본적인 문제들은 무엇이며 문제가 생길 때엔 어떻게 해결해야 할 것인지 가르쳐야 된다. 거듭난 후에 짓게 되는 죄를 어떻게 처리할 것인지, 성공적인 기도 생활은 어떻게 가능한지, 하나님 말씀은 어떤 방법으로 읽고 어떻게 삶에 적용시키는지, 성령 충만의 삶을 유지하는 것은 어떻게 가능한지, 죄의 유혹은 어떻게 뿌리치는지, 불신자들과는 어떻게 우정을 유지하는지, 효과적인 전도는 어떻게 가능한지, 어떻게 믿지 않는 사람들과 더불어 성공적으로 일할 수 있는지 등등의 문제들이 의무교육 과정을 거쳐 다루어져야 한다.

지난 한 세기 동안 한국교회는 세계교회사에 유례가 없을 정도의 성장을 누렸다. 그러나 교인의 성숙을 위한 양육과 교육에 대한 투자는 상대적으로 미흡하였다. 결과적으로 성숙한 교회보다는 이기적인 교회, 빛과 소금의 역할을 하는 성숙한 그리스도인보다는 비윤리적인 신자들이 양산되었다.

53년, 54년은 한국전쟁으로 주춤하였던 산아증가율이 폭발적으로 증가한 해이다. 필자는 육이오 이후 태어난 첫 세대로서 그 대가를 치러야 했다. 초등학교에 입학하였더니 1학년에 14반까지 있었는데, 한 반에 92명씩 있었고 수업은 오전반과 오후반으로 나누어 있었다. 교육이 제대로 이루어질 수 없었다. 산아증가율에 따른 교육계획이 부실하였던 것이다. 교회가 그와 비슷하다. 신자가 늘어나면 그에 따른 교육 계획과, 교육 시설, 교육 사역자 훈련 등 대비책이 필요했으나 대부분의 교회는 여전히 구령 전도에만 치중, 결과적으로 영적 신생아 분만을 위한 산부인과 시설 확충에만 주력하였다. 낳기는 많이 낳았지만 훈련이 제대로 안되어 교회마다 영적 지진아와 영적 지체부자유아의 비율이 점차 높아졌다. 교회의 숫자는 자꾸 늘어갔으나 사회의 윤리 수준은 더 하락하는 기현상이 벌어졌다. 영적 산아증가에 대비한 양육체제에 과감한 투자가 요구된다.

스승보다 위대한 아버지

아버지의 특징을 살펴보자. 나이 먹은 남자라고 다 아버지가 아니다. 자녀가 있어야 아버지다. 아무리 나이를 많이 먹어도 자녀가 없으면 아버지가 아니다. 마찬가지로 아무리 오래 교회에 다녔다 할지라도 영적인 자녀가 없는 사람은 아버지가 아니다. 애 없는 아버지가 어찌 있을 수 있는가? 아이가 있어야 아버지가 된다. 아버지다운 아버지가 되려면 자녀를 키워본 경험이 있어야 한다.

마찬가지로 전도만 했지 말씀으로 어린 신자를 양육해 본 경험이 없는 사람은 아직 아버지다운 아버지가 아니다. 아버지의 단계에 도달하였던 바울은, "그리스도 안에서 일 만 스승이 있으되 아비는 많지 아니하니 그리스도 예수 안에서 복음으로써 내가 너희를 낳았음이라. 그러므로 내가 너희에게 권하노니 너희는 나를 본받는 자가 되라(고전 4:15-16)"라고 말하였다. 교회엔 선생님보다 아버지가 많아야 한다. 아버지가 많은 교회는 성숙한 교회다.

성장에 필요한 시간

어린이가 성장하여 아버지가 되려면 적어도 이삼십 년 걸린다. 그렇다면 영적으로 어린이인 초신자가 아버지 같은 성숙한 그리스도인으로 성장하는 데는 어느 정도의 시간이 걸릴까? 영적으로 성장하는 데 걸리는 시간을 물리적인 시간으로 측정한다는 것이 쉽진 않을 것이다. 10년 이상의 오랜 세월이 흘러도 전혀 성장한 모습을 보이지 않는 신자가 있는가 하면, 비교적 짧은 시간에 성장하는 신자도 있기 때문이다. 그렇다면 산술적 의미에서의 영적 성장의 기간을 추정하는 것은 불가능할까? 꼭 그렇지만은 않다. 영적으로 성장하는 데는 정확하게 몇 년 몇 개월이 걸린다고 산수 문제의 답을 내듯 정답을 구할 수는 없겠지만 어느 정도의 추정은 가능하다.

바울은 고린도교회 교인에게 보낸 편지에서 그들이 아직도 성장하지 못 하고 어린이 상태에 머물러 있는 사실을 개탄한다.5) 본인이 복음을 전파하여 교회를 개척하였고 일 년 반이나 머물며 목회하였던 고린도 교회에 바울이 특별한 애정을 가졌던 것은 당연했다. 그러나 바울이 떠난 후 그들은 영적으로 성장하지 못했다.

바울이 고린도를 처음 방문한 것은 주후 51년 봄이었으며 고린도 교회를 떠나 에베소에서 고린도전서를 쓴 연대는 주후 55년으로 추정된다. 그러니까 고린도에 복음을 전한지 4년 정도의 세월이 흐른 후 이 편지를 썼다. 그러나 4년이 지난 후 바울은 그들이 여전히 영적으로 어린이 상태에 있는 것을 알고 안타까워하였다. 처음 목회 당시 그들은 영적으로 어렸다. 그러므로 바울은 그들에게 단단한 음식 대신 젖을 먹였다. 한글 개역엔 밥 대신 젖을 먹였다고 번역되었다.

그러나 4년이 지난 후 바울은 고린도전서에서 지금까지도 내가 너희에게 밥 대신 젖을 먹여야 되느냐고 책망하였다.

여기서 우리는 바울이 4년 정도면 초신자가 성숙한 그리스도인으로 성장할 수 있다는 사실을 전제하고 있다는 사실을 알 수 있다. 그렇다면 정상적이라면 적어도 4년이면 장성한 신앙인이 될 수 있다는 결론을 내릴 수 있다.6) 예수 믿은 지 4년이나 5년 이상 된 신자 중에 아직도 아버지의 신앙에 도달치 못한 사람은 자신의 모습을 부끄러워해야 한다.

성숙한 그리스도인의 관심

아버지의 단계와 같은 성숙한 신앙을 가진 사람은 하나님을 알되 '태초부터 계신' 분으로서 안다. 무슨 의미인가? 어린아이는 아버지가 하는 일이 무엇인지 잘 모른다. 자기 아버지의 이력을 아는 어린이는 드물다. 그러나 점차 나이가 들어 성인이 되면 아버지의 이력과 과업을 알게 된다. 신앙이 어릴 때는 하나님을 단순히 영적으로 나를 낳아주신 아버지로만 인지하지만, 성숙한 그리스도인이 되면 하나님 아버지의 역사를 알게 된다. 태초부터 행하신 그 분의 과업을 알게 된다. 단순한 나의 아버지에서, 우주의 창조주요, 역사의 주인으로서의 아버지를 알게 된다.

초신자 때 아는 아버지와 성숙한 그리스도인이 된 이후에 아는 아버지 사이에는 큰 차이가 있다. 어릴 때는 '배고프면 먹을 것을 주시는 아버지', '힘들면 업어주는 아버지'로만 알았는데 장성한 그리스도인이 된 후 알고 보니 그 아버지는 '아프리카 르완다 난민의 배고픔에 더 관심이 많은 분'이고, '복음을 모르는 수많은 미전도 부족에게 더 큰 관심을 갖고 계신 분'이라는 사실을 깨닫게 된다. 따라서 장성한 그리스도인은 태초부터 현재까지의 전 역사를 통하여 하나님이 하신 일에 관심을 갖게 되고 세계와 역사를 향한 그 분이 뜻이 어디에 있는지 찾게 된다. 성숙한 그리스도인은 건강한 기독교적인 역사관과 세계관을 갖게 된다.

사춘기의 신앙

어린이와 아버지의 신앙단계를 언급한 바울은 청년의 단계에 대하여 말한다. 이 기간은 어린이와 아버지의 중간 단계요 갈등의 시기이다. 긍정적으론 자아 확립의 시기요, 부정적으론 세상의 유혹이 많은 시기이다. 이 단계에 속한 사람들은 어떤 사람들인가? 구원에 대한 확신이 강한 반면 쉽게 유혹 받고 시험받는 사람들, 교회와 교역자에 대한 비판은 날카로운 반면 자신의 신앙생활은 원숙하지 못한 사람들, 순수한 신앙을 갈망하는 반면 어딘가 투박하고 서툴고 조잡한 사람들, 이러한 사람들은 영적으로 볼 때 십대에 속한 사람들이다. 영적 십대에 속한 사람들은 '개인 경건의 시간(Quiet Time)'을 규칙적으로 지키면서 경건한 신자의 표본인 듯한 삶을 살다가도, 하루라도 말씀 묵상을 거르면 무슨 큰 일이 난 듯 갑자기 무기력하고 나태해지기도 한다. 이런 사람들이 많은 교회엔 분쟁과 파당과 싸움이 많다. 서로 자기의 의견만 주장하고 남의 잘못을 비판하다가 세상의 유혹에 쉽게 빠진다. 말씀에 대한 사랑과 세상에 대한 사랑이 싸우는 교회, 이런 교회는 심한 갈등에 빠질 우려가 높다.

사추기의 신앙

사추기를 제대로 거치지 못한 사람은 의외로 30, 40대에 위기를 맞을 수 있다. 사추기 때의 흔한 현상인 이성에 대한 강한 호기심이 늦바람으로 나타나기도 하는 사추기는 이미 결혼하여 가정을 지닌 30, 40대의 남녀에게 의외로 치명적인 불행을 가져올 수도 있다. 교회에 다닌 지 오랜 세월이 흘렀음에도 불구하고, 영적인 청년기를 거치지 않고, 단지 교회 다닌 연수로 직분을 맡은 신자들 중에 뒤늦게 영적 사추기를 맞아 고통 당하는 사람들이 있다.

이러한 신자들은 흔히 사춘기의 아이들이 또래 집단을 의식하듯, 몇몇 사람들의 또래 집단 또는 이익 집단을 만들어 교회에 어려움을 가져온다. 이러한 사람들은 철저한 성경공부와 개인 경건 훈련을 통하여 잃어버린 건전한 청년기를 다시 거쳐야 할 필요가 있다. 말씀을 통한 확실한 자아확립과 신앙 훈련을 통한 분명한 신앙적 정체성 확립 외에는 이러한 사람들을 치료할 길이 없다.

청년의 신앙

바울은 13절에서 청년에게 말하기를 '너희가 악한 자를 이기었음이니라'고 하였다. 바울은 '싸움'을 청년기의 특징으로 관찰하였다. 청년기엔 세상과의 싸움이 많다. 그렇다면 청년기의 덕목은 무엇인가? 이기는 것이다. 이길 때 비로소 청년답다. 악한 자를 이겨야 한다. 어떻게 이길 수 있는가? 말씀으로 이긴다. 바울은 14절에서 이 사실을 '하나님의 말씀이 너희 속에 거하시고 너희가 흉악한 자를 이 기었음이니라'고 말한다. 이 기간은 말씀을 통하여 신앙인으로서의 자아를 확립시키고, 경건훈련을 통하여 신앙인의 정체성을 정착시키는 중요한 기간이다. 그러므로 이 시기의 신자에겐 성경공부와 개인 경건훈련이 특별히 중요하다.

필요한 아버지 모델

영적으로 볼 때 교회마다 정도의 차이는 있으나 아이들이 많은 교회가 있는가 하면, 청년들이, 혹은 아버지가 많은 교회가 있다. 아버지가 많은 교회에 다니는 신자는 아버지가 없는 교회에 다니는 신자보다 복되다. 그들에겐 그들의 영적 성장을 돕는 따뜻한 영적 아버지의 손길이 끊이지 않기 때문이다. 그들이 따라야 할 그리스도인의 모델을 가까이서 볼 수 있다는 것은 크나큰 축복이 아닐 수 없다.

유학 기간 중 흑인 교회에 다니며 발견한 미국의 비극 중 하나는 미국 흑인들에게 아버지 모델이 없다는 사실이었다. 십대 임신율이 높은 흑인 사회에선 자기 아버지가 누구인지 모르고 자라는 아이들이 상당수다. 혹 아버지가 누구인 줄 안다 하더라도 그들의 아버지는 가정을 포기하고 길거리를 배회하는 떠돌이 인생을 사는 경우가 많다. 이런 가정에서 태어난 아이들에겐 아버지 모델이 없다. 본받을 남성상이 없다. 그들은 그들에게 부족한 아버지상과 남성상을 갱들에게서 배운다. 갱은 그들에게 일거리를 주고 돈도 준다. 용기가 무엇인가도 가르치고 의리도 가르친다. 갱단이야말로 그들의 가치체계에서

가장 중요한 것으로 자리 잡게 되고 조직을 위해선 생명까지도 바치
게 된다. 이와 같은 일은 백인 사회 혹은 한인 사회에서도 일어나고
있다. 갱 문제는 미국 최대의 골칫거리 중의 하나이다. 이 문제는 미
국의 아버지들이 아버지의 모델을 가정에서 성공적으로 제시하지 못
하는 한 해결되지 않을 것이다.

　교회에 아버지 모델이 절실하다. 따르고 본받을 만한 영적인 아버
지들이 필요하다. 하나님은 영이시다. 보이지 않는다. 그러므로 누구
나 교회에 가면 하나님을 보기 전에 먼저 사람을 보게 된다. 영적인
세계에 대한 이해가 없는 구도자나 초신자에게는 더욱 그렇다. 이들
에겐 아버지와 같이 너그럽고도 이해심이 깊은 선배 신자가 필요하
다. 그리스도인의 삶이 어떠한가 보여줄 수 있는 모델이 필요하다.
바울은 후배 신자들에게 ‘너희는 나를 본받으라’고 말하였다. 교회마
다 바울이 필요하다. 나를 본받으라고 말할 수 있는 성숙한 그리스도
인이 필요하다.

　사람은 서로 영향을 끼치며, 혹은 받으며 산다. 성숙한 교회엔 본
받을만한 아버지 같은 그리스도인이 많다. 그러나 어떤 교회엔 본받
을 만한 사람이 없다. 아버지 신앙을 가진 성숙한 그리스도인들이 주
류가 되는 한국 교회를 만들자. 교회는 선생보다 아버지를 절실히 요
구하고 있다.

세상을 사랑치 말라

　교회는 어린이, 청년, 아비들로 구성되어 있다. 이들은 서로 교제

하며 함께 성장한다. 신앙이 어린 사람들과 장성한 사람들이 서로 섞여 있는데 이러한 교회의 모습은 기본적으로 교회의 성장을 전제하고 있다. 교인은 계속 성장한다. 어린이에서 청년으로 청년에서 아버지로. 12절에서 14절까지의 말씀이 성장에 대한 격려의 말이라면, 15절에서 17절까지는 경고의 말이다.

무엇에 대한 경고인가? 세상에 대한 경고이다. 15절에서 17절까지의 짧은 단락에서 '세상'이란 단어가 무려 6차례나 나온다. 그만큼 세상은 경계의 대상이다. 세상을 사랑하는 자는 아버지를 사랑할 수 없기 때문이다. 이 단락의 문장 구조를 자세히 관찰하면 대립되어 있는 두 개의 선을 발견하게 된다. 세상에 대한 사랑과 아버지에 대한 사랑이 아래와 같이 서로 정면 대립되어 나타난다.[7]

15절	세상에 대한 사랑	아버지의 사랑
16절	세상을 쫓아옴	아버지께로 쫓아옴
17절	지나가 버린다.	영원히 거한다

왜 세상을 사랑하지 말라고 경고하는가? 세상에 대한 사랑과 아버지에 대한 사랑이 공존할 수 없기 때문이다. 세상을 사랑하는 사람은 아버지를 사랑할 수 없고 아버지를 사랑하는 사람이 세상을 사랑할 수 없기 때문이다. 세상에 대한 사랑은 세상에서 온 것이고 아버지로부터 온 것일 수 없으며 아버지에 대한 사랑이 세상에서 올 수 없기

때문이다.

요한은 세상은 결국 지나가 버리는 것이므로 사랑할 가치가 없다고 말한다. 본문에서 '세상'은 일시적으로 악한 세력의 영향 하에 있는 인간 사회를 의미한다. 이들은 하나님에 대하여 조직적으로 대항하는 반대 세력이다.[8] 누구든지 이 세상을 사랑하는 사람에겐 아버지의 사랑이 그 속에 있을 수 없다.

정상적인 그리스도인은 아비의 분량에 이르기까지 성장한다. 하나님과 신자의 관계에 유년기, 청년기, 장년기에 이르는 성장과정이 있음을 인지하는 것은 중요한 일이다. 왜 요한은 그리스도인의 성장에 대한 이야기를 하다가 갑자기 세상을 사랑하지 말라고 경고하고 있을까? 그리스도인의 성장을 막는 가장 큰 장애물이 세상 사랑이기 때문이다.

세상을 사랑하지 않고 하나님만 사랑한다면 신자는 계속 성장할 것이다. 아이에서, 청년으로, 청년에서, 아버지로. 세상을 사랑하지 말자, 하나님만 사랑하자, 하나님을 향하여 눈을 고정시키는 신자와 교회는 계속 성장할 것이다.

제6장

적그리스도의 출현에 대처하라

(요일 2:18-29)

요한은 그가 가졌던 하나님과의 친밀한 교제가 편지의 수신자들에게도 동일하게 가능하다는 사실을 가르쳤다. 사실 그가 가졌던 하나님과의 친밀한 교제는 어느 시대 어느 성도에게도 동일하게 가능하다. 그것은 우리의 꿈이기도 하다. 그러나 그리스도인이라고 하여 누구나 다 하나님과 친밀한 교제를 누리는 것은 아니다. 누구에게나 가능한 이 교제는 두 가지 측면에서 위협받는다. 먼저, 성장하지 못할 때 방해받는다. 둘째, 적그리스도에 의하여 방해받는다. 첫째 문제가 신자 본인의 문제요 내적인 문제라면, 둘째 문제는 타인의 문제요 외적인 문제다. 이때까지 내적인 문제를 집중 조명한 바울은 본문에서 외적인 문제를 다룬다. 이른바 적그리스도에 관한 문제이다.

마지막 때

18절은 '아이들아'라는 호칭으로 시작된다. 이 호칭은 생물학적 의미의 어린이를 가리킨다기보다는 전 연령층을 포함하는 수신자 전체를 가리키는 수사학적 표현으로 보는 것이 타당하다. 요한의 심정에서 볼 때 수신자 모두가 사랑하는 친자식과 같기 때문이다. '아이들아'

라는 이 호칭엔 문제에 직면한 수신자들을 돕고자 하는 요한의 아버지 같은 심정이 들어있다. 요한은 영적으로 수신자들의 아버지이다. 아이들이 어려움을 당할 때 그들의 아버지만큼 안타까운 사람이 어디 있겠는가.

흔히들 세상이 돌아가는 사태가 너무 심각할 때 '이젠 말세야 말세'라고 말한다. 더 이상 심각한 일이 생길 수 없다는 뜻에서의 세상의 끝이 왔다는 자조적인 표현이다. 18절에서 요한은 '마지막 때'라는 용어를 사용하였다. 세상이 돌아가는 모습을 관찰해보고 이때야말로 '마지막 때' 라는 결론을 내린 것이다. 그렇다면 요한이 여기서 말한 '마지막 때'는 무엇을 의미하는가? 실제로 세상의 끝이 왔다는 말인가?

헬라어 원문에 보면 '마지막 때'라는 단어에 정관사가 붙어 있지 않다. 따라서 두 가지 해석이 가능하다. 하나는 영어로 표현하여 'The last hour'이고 또 다른 하나는 'A last hour'이다. 대부분의 영어 성경에선 전자의 해석을 취한다.1) 이 견해는 '마지막 때'는 어차피 하나밖에 없다는 측면에서, 혹은 '마지막 때' 라는 용어가 기술적인 용어로서 정관사를 쓰지 않아도 의미가 통한다는 이유로 수용되었다. 그러나 웨스트코트(Westcott) 등의 학자들은 후자의 해석을 택한다. 렌스키(Lenski)는 '마지막 때'라는 표현이 신약성서 중 단지 한 번 여기에만 나타난다는 사실을 언급하며, 따라서 이 용어가 정관사 없이 사용될 수 있을 정도로 일반적으로 널리 사용된 용어가 아니라는 사실을 상기시킨다.2) 만일 요한이 당장 임박한 종말의 의미로 본문을 기록하였다면, 오늘날까지도 종말이 오지 않았다는 역사적 사실 앞에서 그의 예언은 거짓일 수밖에 없다. 따라서 요한이 종말에 대한 어떤 분명한 시간표를 의식하고 종말에 있을 '바로 그 마지막 시간'이 지금이라고 말한 것이 아니라, 단순히 적그리스도들이 일어나는 종말의 징조를 보고 이런 시간이야말로 마지막 때의 전형적인 모습인 것을 밝혔다고 볼 수 있다.

그러므로 본문에서 요한이 말하는 '마지막 때'는 정확한 날짜와 시간은 알지 못하지만 예수의 초림으로부터 재림까지의 막연한 전체적인 시간대를 말하는 것이며, 당장에 세상이 끝난다는 의미의 마지막 시간표를 확정하는 연대기적 의미는 갖지 않는다고 볼 수 있다.

예수는 제자들에게 언제 그가 재림할지 그 때는 알려주지 않았으나 늘 깨어 준비하고 있으라고 하였다. 예수는 그가 재림할 때가 되면 거짓 선지자들이 일어날 것이라고 가르치셨다. 요한은 수많은 적그리스도들이 나타난 것을 보면서 예수의 가르침을 기억했을 것이며, 이것이야말로 마지막 때의 징표라고 생각하였다. 그러므로 '마지막 때'에 관한 요한의 언급은 연대와 날짜에 대한 관심이라기보다는 시대의 긴박성에 대한 경고로 보는 것이 타당하다.

예수의 초림과 함께 종말론적 왕국의 출현은 이미 시작되었다. 하나님이 인간의 몸을 입고 역사 가운데 개입한 사실은 예수의 초림으로 나타났고 그런 의미에서 종말론적 왕국은 이미 역사 가운데 시작되었다.   넓은 의미에서 '마지막 때'는 예수님의 초림과 재림 사이의 기간을 의미한다. 요한의 시대 이래로 오늘에 이르기까지 역사는 '마지막 때'의 징표들로 가득 차 있으나, 오직 인내하시는 하나님의 사랑이 예수의 종말론적 재림을 연기시키고 있다.

적그리스도의 출현

18절에는 '적그리스도'라는 단어가 두 번 나온다. 헬라어 원문을 보면 앞의 단어는 단수 명사인 '안티크리스토스'가 뒤의 단어는 복수 명사인 '안티크리스토이'가 사용되었다. 그러므로 이 구절은 "적그리스도가 이르겠다 함을 너희가 들은 것과 같이 지금도 많은 적그리스도들이 일어났으니"로 번역되어야 마땅하다. '너희가 들은 것'의 에오리스트 시제 사용은 이미 수신자들이 적그리스도에 대한 사도적 교육을 받은 바 있다는 사실을 증거한다. 마지막 때가 되면 '적그리스도'가 나타난다는 것은 사도적 가르침이었다.

요한은 지금 '많은 적그리스도들'이 출현하였다고 경고한다. '많은'이라는 형용사가 사용된 것으로 보아 그들의 세력이 컸다는 것을 볼 수 있다. 요한을 포함한 사도들의 적그리스도에 대한 지식은 예수 자신의 가르침에 근거한다(마 4:11-15; 막 13:14). '안티크리스토스'의 '안티'는 '반대하여' 혹은 '대신에'라는 뜻을 갖고 있다. 누가 적그리스도인가? 문자적으로 볼 때 그리스도를 반대하는 사람 혹은 대신하는 사람이 적그리스도이다. 예수는 마지막 때가 되면 적그리스도들이 나타나리라고 가르쳤다. 그러므로 요한에게 이와 같이 많은 적그리스도들의 출현은 마지막 적그리스도의 출현을 예고한다는 점에서 심각한 현상이었다.

적그리스도들이 요한의 수신자들과 함께 있던 사람들이라는 사실은 상당히 충격적이다. 그들의 모습은 뿔 달린 도깨비가 아니었다. 외모상의 차이는 전혀 없었다. 이 사실은 교회 안에도 적그리스도가 있을 수 있다는 것을 가르친다.

그러므로 교회 안에서 적그리스도가 발견되어도 놀랄 일이 아니다. 오히려 예수의 가르침에 의하면 곡식과 가라지가 함께 있는 것이 교회의 실상이다 (마 13:24-30, 36-44). 가라지를 심은 원수는 마귀라고 예수는 가르쳤다(마 13:39). 교회에서 함께 일하는 김 집사가 적그리스도일 수도 있다는 사실을 가르친다고 볼 수 있다. 함께 성가대에 앉아 있는 대원 중의 한 사람이 마귀가 심어 놓은 적그리스도일 수도 있다. 부인하고 싶지만 이것이 영적 세계의 실상이다. 가장 완벽한 에덴동산까지 적그리스도를 보낸 사탄이 교회엔 그의 부하를 못 보내겠는가? 예수의 제자들 속에 그의 부하를 심어놓은 사탄이 믿음의 형제들 중에 그의 부하를 심어 놓지 못하겠는가?

적그리스도의 출현은 이미 예고된 사실이었다. 그리 놀랄 일이 못된다. 그러나 그들이 어떻게 위장한다 하여도 결국 19절에서 '우리'로 표현된 사도적 신앙 공동체에 속하는 것은 불가능하다. 처음에 그들은 요한의 사도적 공동체에 함께 있었다. 그러나 그들은 요한의 사도적 공동체에 더 이상 머무를 수 없었다. 그들은 결국 사도적 공동체를 떠났다. 요한은 이 이유를, '저희가 우리와 함께 거하였으나 우리에게 속하지 않았다'고 설명한다. 함께 있다고 하여서 하나라고 볼 수 없는 것이다. 적그리스도들은 위장한다. 그러나 아무리 위장하여 함께 교회에 거한다 할지라도 궁극적으로 그들이 신자공동체에 속할 수 없다는 사실을 안다면, 교회 안에 있는 그들의 존재를 필요 이상 겁내는 것은 어리석은 일이다.

적그리스도에 대처하는 법

모든 신자는 적그리스도를 대적할 수 있는 필요한 능력을 날 때부터 갖추고 태어난다. 본문에 의하면 그 자원은 다름아닌 성령의 기름 부음이다.3) 모든 신자는 거듭나는 순간 거룩하신 분의 기름 부으심을 경험한다. 2장 20절에 의하면 모든 신자는 '거룩하신 자에게서 기름부음을 받았다'. 그렇다면 '거룩하신 자'는 구체적으로 어느 분을 가리키는가? '이스라엘의 거룩한 자(사 1:4)'를 상기한다면 하나님이고, '하나님의 거룩한 자(막 1:24; 요 6:69; 행 2:27)'를 상기한다면 하나님의 아들 예수를 가리킨다. 그러나 성령을 가리키는 말일 가능성이 높다. 그러나 요한이 일부러 거룩한 자의 신분에 대하여 불분명하게 기록하였을 가능성도 높다. 그분은 하나님 아버지일 수도, 예수님일 수도, 성령님일 수도 있다. 세 분이 같은 분이기 때문이다. 성경을 상고하면 하나님의 영과 예수의 영은 성령과 연합되어 있는 사실이 발견된다. 그러나 삼위의 역할을 참조할 때 본문의 거룩하신 자는 성령을 뜻할 가능성이 높다.

요한은 2장 20절에서, "너희는 거룩하신 자에게서 기름 부음을 받고 모든 것을 아느니라"고 말한다. 여기서 기름 부음을 받았다는 표현의 '받고'라는 번역은 '네가 소유하고 있다'는 의미를 지닌 헬라어 '에 케테'의 번역이다. 이 동사는 기름부음의 계속적인 소유 상태를 강조한다. 누구든 그리스도인으로 태어나면 성령의 기름부음을 받게 되고 그 기름부음을 지속적으로 소유하게 된다. 모든 신자는 "우리에게 주신 성령으로 말미암아 그가 우리 안에 거하시는 줄을 우리가 안다 (요일 3:24)". 그런 맥락에서 그리스도의 영이 없는 자마다 그리스도인이 아니라고 성경은 가르치며, 바울은 "성령이 친히 우리 영으로 더불어 우리가 하나님의 자녀인 것을 증거한다"고 말한다(롬 8:16). 신자는 그리스도인으로 태어날 때 성령의 기름 부으심으로 그리스도의 영을 선물로 받는다. 그러므로 누구든지 영적인 그리스도인은 영적인 민감성만 유지한다면 쉽게 적그리스도를 구별할 수 있다. 요한은 이 사실을 "너희는 거룩하신 자에게서 기름 부음을 받고 모든 것을 아느니라(요일 2:20)"고 표현하였다.

비행기를 타려면 탑승 전에 금속탐지기를 통과해야 한다. 쇠붙이를 몸에 지닌 사람이 이 기계를 통과하면 여지없이 소리가 난다. 보이지 않지만 기계는 용케도 금속을 찾아낸다. 그것이 금속탐지기의 속성이다. 모든 신자의 몸에는 영적인 금속탐지기가 설치되어 있다. 적그리스도가 나타나면 '삐' 하고 소리가 나게 되어 있다. 그것이 신자의 속성이다. 누구든 거듭난 사람에겐 성령의 기름 부음이 있고 그 안에 그리스도의 영이 거하기 때문이다.

죽은 시체는 추운지 더운지 기온의 변화를 감지하지 못한다. 그러나 생명이 있는 사람은 얼른 반응한다. 마찬가지로 불신자는 아무 것도 모르지만 건강한 신자는 적그리스도에 대하여 자동적으로 반응한다. 모든 신자는 기름 부음을 받았고, 그러한 신자마다 육체의 생명과는 전혀 다른 종류의 생명을 소유하고 있기 때문이다. 성경에선 이를 가리켜 영생이라고 하였다. 이 영원한 생명이 신자 안에 장착된 영적 금속탐지기의 역할을 한다. 영생에 대한 논의는 다음 25절에 대한 설명을 참조하라.

누가 적그리스도인가를 알아내는 데에 특별히 신학적으로 훈련된 엘리트가 필요한 것은 아니다. 누구나 그리스도인이라면 진리를 알아보기 때문이다. 요한은 그의 수신자들이 진리를 알고 있다는 확신과 함께 이 편지를 썼다. 요한의 이러한 확신은 수신자들의 지식을 믿어서가 아니라 그들 안에 거하시는 성령의 사역에 대한 신뢰 때문이다. 그는 요한복음 14장의 예수님의 가르치심대로 성령께서 그들 안에 거하면서 그들에게 필요한 것을 가르치고 인도함을 굳건하게 믿었다.

적그리스도의 정체

신자들의 삶의 현장은 언제나 적그리스도들의 공격에 노출되어 있다. 부인하고 싶어도 그것이 영적 현실이다. 중요한 것은 적그리스도를 분별하는 요령(22-23)과 대처하는 법(24-25)이다. 그렇다면 적그리스도를 분별하는 시금석은 무엇인가? 궁극적으로 예수께서 그리스도임을 인정하느냐 하지 않느냐가 엄정한 판단 기준이다. 요한은, "거짓말하는 자가 누구냐? 예수께서 그리스도이심을 부인하는 자가 아니냐?"라는 수사학적 질문으로 적그리스도의 정체를 구체화시키고 개인화시킨다.

요한을 괴롭혔던 적그리스도들의 확실한 정체가 무엇이었는가에 대한 논의가 학자들 사이에 상당히 비중 있게 논의되어 왔으며, 약간의 차이는 있지만 그들이 기본적으론 영지주의자들이었다는 데는 거의 모든 학자들이 동의한다. 그들은 예수께서 그리스도라는 사실을 부인하였다. 그들의 이원론적 사고 구조의 틀은 신이며 동시에 인간이신 예수 그리스도의 존재를 인정할 수 없었다.

그러므로 요한은 "아버지와 아들을 부인하는 그가 적그리스도 (2:23)"라고 강조한다. 당시 유행하였던 도케티즘에 의하면 그리스도의 영은 너무도 고귀하여서 인간이신 예수에게 머무를 수 없었다. 세린투스의 영지주의에 의하면 인간 예수께서 세례받은 순간 영원하신 그리스도께서 그의 몸에 임하여 예수의 사역에 신적인 능력을 부여하였다. 그러나 예수가 십자가에 못박혀 돌아가시기 직전에 그리스도는 예수를 떠났고 결과적으로 인간 예수는 십자가에 죽을 수밖에 없었다. 그들의 주장에 의하면 십자가에서 죽은 것은 예수이지 그리스도가 아니다. 그들은 자기들이야말로 예수께서 한때 소유하였던 신적인 지식을 소유하였고, 따라서 가장 신적인 사람들이라고 주장하였다. 그들은 초대교회 신자들에게 십자가에 죽은 실패자 예수를 따르지 말고 자기들의 가르침을 따르라고 신자들을 미혹하였다.

그러나 요한은 그들이 하나님을 특별히 잘 안다는 주장이 허구임을 밝힌다. 신자들은 하나님을 아버지라 부를 수 있을 정도로 가족적인 가까운 관계를 갖고 있다. 그러나 그들에겐 아버지가 없다. 아들을 부인하는 자에겐 또한 아버지도 없기 때문이라고 요한은 그 이유를 밝힌다. 아들을 부인하는 사람에게는 아버지도 없기 때문이다. 따라서 아들을 부인하는 사람은 하나님과 친밀한 관계를 가질 수 없다. 예수 그리스도 외에는 아버지를 알 수 있는 길이 없다. 아들을 부인하는 자는 하나님과 아버지-아들의 관계를 가질 수 없다. 아들을 부인하는 행위는 스스로를 하나님의 가족으로부터 추방시키는 행위이다.

반면에 아들을 시인하는 자에게는 아버지도 있다. 헬라어 원문을 보면 '시인하는 자'는 복수가 아니라 단수로 씌어 있다. 이는 예수께서 하나님의 아들이라고 시인하는 행위가 개인적 행위이어야 함을 나타낸다. 하나님은 개인적인 고백을 원하신다. 어떤 사람이건 예수가 하나님의 아들이라고 개인적으로 시인하면, 그는 이 고백을 통하여 하나님을 아버지로 만나게 된다. 아들을 떠나서는 아버지께로 나갈 길이 없다. 반면에 그가 속한 공동체 모두가 예수가 하나님의 아들임을 시인하여도, 본인의 개인적인 시인이 없다면 그는 아버지께로 나갈 수 없다.

사도적 가르침

외적으로 적그리스도를 분별하는 것만으론 부족하다. 내적으로 주께서 주신 말씀 위에 굳게 서는 것이 필요하다. 적그리스도들은 세칭 새롭고 높은 차원의 지식으로 초대 교인들을 미혹하였다. 이들에 대한 요한의 처방을 눈여겨 보라. 2장 24절에서 요한은 수신자들에게

'처음부터 들은 것'을 그들 안에 거하게 하라고 권면한다. 복음의 기원에 대한 규명이 필요하다. 그들이 처음부터 들은 것은 예수에게 그 기원을 두고 있다. 사도들은 예수로부터 직접 가르침을 받았고 그 내용을 초대 교인들에게 전하였다. 사도들의 가르침 외에 다른 기원을 가진 지식은 그것이 아무리 매력적이고 새로운 것이라 할지라도 복음과 대치될 수 없다.

'처음부터 들은 것'이 신자 안에 거하게 되면, 신자는 아들의 안과 아버지의 안에 거하게 된다. '처음부터 들은 것이 너희 안에 거하면'이 조건절이라면, '너희가 아들의 안과 아버지의 안에 거하리라'는 귀결절이다. 이는 조건절의 조건이 충족되어야 귀결절의 결과가 보장된다는 말이다.

누구건 예수 안에, 하나님의 안에 거할 수 있는 신자가 있다면 그는 진실로 영성 있는 그리스도인이라 할 수 있을 것이다. 적그리스도의 가르침에 미혹되지 않고, 사도적 가르침에 충실한 신자라야 그런 사람이 될 수 있다고 요한은 가르친다. 영성 있는 그리스도인은 영계에 대한 새로운 지식을 추구하는 사람이 아니고 '처음부터 들은 것'에 마음을 두는 사람이다.

그렇다면 '처음부터 들은 것'의 내용은 무엇인가. 예수가 가르치고 사도들이 가르친 복음이다. 그 내용의 핵심은 예수가 하나님의 아들이요 그리스도라는 사실이다. 예수가 하나님의 아들이라는 복음을 마음에 두고 사는 사람은 결과적으로 예수 안에 그리고 하나님 안에 거하게 된다. 예수를 그리스도로 인정하는 사람에겐 친밀한 신적 교제의 길이 열린 것이다. 복음에 귀를 기울이는 정상적인 신자라면, 누구든지 하나님 안에 거할 수 있다는 이와 같은 요한의 가르침은, 최고의 영성을 추구하기 위하여 특별한 지식을 요구하였던 당시 영지주의자들에게 치명적이었다고 볼 수 있다.

특별한 사람에게만 영성이 있는 것이 아니다. 높은 지식의 소유자만 하나님과 통하는 것도 아니다. 특이한 경험이 요구되는 것도 아니다. 특정 산에 올라가서 기도해야 되는 것도 아니다. 어느 누구의 제자가 되어야 하는 것도 아니다. 집중 영성 훈련 프로그램에 등록해야 되는 것도 아니다. 그렇다면 누가 영성 있는 그리스도인인가? 평범한 그리스도인이 영성 있는 그리스도인이다. '처음부터 들은 것'을 믿고 따르는 단순한 그리스도인이 영성 있는 그리스도인이다. 그들은 하나님 안에 그리고 예수 안에 거하는 사람이다.

영생하는 사람

이러한 사람에게 주어진 약속이 25절에 소개되었다. 요한의 글 중에선 복음서와 서신서, 계시록을 통틀어 '약속'이란 용어가 유일하게 여기서 사용되었다. 예수가 직접 한 이 약속은 영원한 생명에 대한 약속이다. 요한은 예수의 말씀 중 요한복음 3장 16절이나 10장 28절을 기억했을 것이다. 2장 24절의 문맥을 참조해볼 때, 아들의 안과 아버지의 안에 거하는 삶은 곧 영생이다. 그러므로 여기서 말하는 영생은 신자가 죽은 후에 경험할 천국의 삶은 물론이지만, 현재 이 땅에서 경험하는 신적인 삶을 강조하고 있다고 보는 것이 타당하다. 영생은 육체를 갖고 경험하는 영적인 삶이요, 지상에서 경험하는 천상의 삶이다. 영생은 아들과 아버지가 갖고 있는 가치 체계나, 윤리 의식 또는 성품을 그리스도인이 자신의 삶으로 경험하는 현상이다. 이런 의미에서 아버지와 아들을 아는 것이 영생이라고 말한 예수의 가르침은 지극히 타당하다. 아버지와 아들을 잘 아는 사람은 아버지와 아들의 성품에 합당한 삶을 영위한다. 영생의 삶은 개인적으론 구원의 삶으로, 사회적으론 희생과 봉사하는 삶으로 나타난다. 영생은 내세뿐(요일 2:17) 아니라 현세에서(요일 2:25) 누려져야 될 삶이다.

부끄러움이 없는 신자

요한은 26절에서 28절까지의 말로 2장 18절부터 25절까지의 내용을 정리한다. 26절에서 이때까지 논의한 논의의 주제를 다시 한 번 밝힌 요한은 27절에서 문제 해결 방안을 재정리하고, 28절에서는 예수가 재림할 때 그 앞에 부끄러움이 없도록 주 안에 거할 것을 당부한다.

요한은 2장 27절에서 "아무도 너희를 가르칠 필요가 없다"고 말한다. 요한이 교육무용론을 주장하는 것은 아니다. 오히려 초대 교인들이 믿음을 가질 수 있었던 것은 그들을 위한 사도적 가르침이 있었기 때문이었다. 그렇다면 "아무도 너희를 가르칠 필요가 없다"는 요한의 말은 무슨 뜻인가. 적그리스도들의 가르침을 절대 허락해선 안 된다는 뜻이다. 또 궁극적으로 모든 신자에겐 거듭날 당시 성령님의 기름

부음이 있었고, 따라서 교사되신 성령님께서 각자에게 필요한 모든 것을 친히 가르치니 성령에게 의지하라는 권면이다. 하나님께 가까이 가기 위해 무슨 새로운 내용을 어떤 특정인에게 배우려 하지 말고 신자 안에 내주하는 성령의 가르침에 귀를 기울이라는 권면이다. 성령이 필요한 모든 것을 가르쳐주기 때문이다.

미래에 대한 소망은 현재의 삶을 결정한다. 요한은 그의 수신자들에게 장차 주님의 재림을 소망하는 신자는 오늘 주 안에 거하라고 명령한다. 예수는 반드시 재림할 것이다. 그러나 그가 재림하는 날 잘못된 가르침에 미혹되어 예수가 그리스도라는 것을 부인한 사람들은 부끄러움을 당할 것이다. 그러나 주 안에 거한 사람은 담대하게 그의 재림을 기쁨으로 맞이할 것이다.

제7장

영성 있는 신자의 삶

(요일 2:29-3:10)

한 사람의 육체적 출생에 대하여 알아보려면 호적등본을 떼어보면 된다. 그러나 그의 영적 출생 여부를 알아보기 위해서는 교적부보다는 그의 삶을 관찰해야 한다. 강북에 사느냐 강남에 사느냐보다, 17평 아파트에 사느냐 50평 아파트에 사느냐보다는, 신자답게 사느냐 못사느냐 의미 있게 사느냐 못 사느냐를 관찰하는 것이 중요하다. 그 사람의 삶의 모습은 곧 그가 하나님과 어떤 관계를 갖고 있는가를 보여주는 가장 정직한 거울이다.

삶이 증거하는 출생

2장 29절에서 요한은 "의를 행하는 자마다 그에게서 난 줄을 알리라"고 증거한다. 헬라어 성경에서 '의를 행하는 자마다'의 현재 분사 사용은 '의를 행하는 행위'가 일회적이 아닌 계속적인 행위임을 가리킨다. 즉 의를 행하는 것이 습관처럼 된 상태를 묘사한다. 헬라어 원문에서 '의'라는 단어 앞에 정관사를 사용한 것은 이 '의'가 특별한 종류의 '의'인 것을 가리킨다. 문맥을 살펴볼 때 이 의는 다른 종류의 의가 아닌, '하나님의 의'를 뜻함을 쉽게 알 수 있다.[1]

하나님의 의를 행하는 것이 습관처럼 된 사람, 그는 하나님께로서 난 사람임이 분명하다. 그의 삶을 보아서 그의 출생을 알 수 있다. 하나님께로부터 난 사람이 의를 행한다면(2:29), 마귀로부터 난 사람은 죄를 행한다(3:8)2).

2장 29절에는 안다는 단어가 두 번 나온다. 헬라어로는 각기 다른 단어를 사용하고 있다. 두 단어가 같은 뜻으로 쓰이지만, 조금 과장하면 앞의 단어가 어떤 사실에 대한 일반적이고 객관적인 지식을 위하여 말한다면 뒤의 단어는 경험적이고 주관적인 의미를 좀더 강조한다고 볼 수 있다. 여기서 요한이 말하고자 하는 바는 무엇인가? 간단히 요약하면 다음과 같다. 하나님을 아는 사람은 하나님의 자녀도 알아본다.

정 아무개 집사가 있다. 심장외과 의사인 그는 의사인지 목사(?)인지 모를 정도로 교회 일에 열심이다. 그의 집은 항상 청년들로 가득 차 있다. 그는 늘 수양회, 성경공부, 세미나 등으로 분주하다. 목사님을 얼마나 지성으로 섬기는지 그가 직장 일로 이사 가서 정착하는 교회마다 부흥하는 것을 보았다.

늘 그가 그리운 것은 그와 가졌던 복음적 교제 때문이다. 그를 만난 목사님마다 그를 잊지 못한다. 분명히 말할 수 있는 것은 그가 하나님에게서 난 사람이라는 사실이다. 그가 하는 일들이 하나님의 의를 따르는 복음적 삶임을 구별하기가 어렵지 않기 때문이다. 때때로 육신의 형제들보다 이들이 더 그리운 것은 우리가 한 아버지 밑에 한 자녀이기 때문이다. 자녀가 아버지 닮듯, 신자는 서로 닮은 데가 있다. '의를 행하는 삶'에 있어 신자들은 서로 닮았다. 아버지가 의로우니 그 자녀 또한 의로운 삶을 살기 때문이다.

돌멩이를 금덩이로 만든 사랑

돌멩이를 갈고 닦는다고 금덩이가 될 리 없다. 아무리 노력을 하여도 돌은 돌이고 금은 금이다. 믿음의 세계엔 노력으로 안 되는 일이 있다. 하나님의 자녀가 되는 일, 이는 노력으로 되는 일이 아니다. 그러므로 요한은 하나님의 자녀는 혈통으로나 육정으로나 사람의 뜻으로 나지 아니하고 오직 하나님께로서 난 자라고 증거하였다(요 1:12-13). 죄인이 변하여 하나님의 자녀가 된 사건, 이는 돌멩이가 금덩이로 변한 사건이다. 놀라운 사건이다. 그러기에 요한은 3장 1절을 '보라'라는 명령어로 시작한다. 무엇을 보란 말인가. 돌멩이가 금덩이 된 사건, 죄인이 하나님의 자녀가 된 이 놀라운 사건이 어떻게 일어났는지를 보란 말이다. 이 사건은 아들 예수를 십자가에 내어놓는 하나님의 절대적인 사랑을 통하여 이루어졌다.

이 위대한 사랑을 표현할 만한 적절한 단어를 찾지 못한 요한은, 이 사랑을 '어떠한 사랑'이라 표현하였다. "보라 아버지께서 '어떠한 사랑'을 우리에게 주사 하나님의 자녀라 일컬음을 얻게 하였는고(요일 3:1)". 하나님의 자녀가 된 이 사건은 신자가 경험할 수 있는 사건 가운데 가장 큰 사건이요 감격의 사건이다. 그래서 요한은 3장 1절을 '보라'라는 감탄사로 시작한다.

세상이 모르는 사람

　세상은 하나님의 자녀를 알아주지 않는다. 알아주고 싶어도 세상은 신자의 정체를 모르기 때문이다. 요한은 "세상이 우리를 알지 못함은 그를 알지 못함이니라(요일 3:1)"고 그 이유를 밝혔다. 하나님을 모르는 세상 사람들이 어떻게 하나님의 자녀들을 알아볼 수 있겠는가. 그럼에도 불구하고 세상이 몰라준다고 서운해 하는 신자가 있다면 그는 아직 세상과의 관계를 하나님과의 관계보다 중요하게 생각하는 사람이다. 오늘날 교회에서 적그리스도보다 더 심각한 문제는 소속이 불분명해 보이는 신자들이다. 똑같은 유니폼을 입어서 우리 팀인 줄 알았더니 우리 편 골대에 공을 집어넣는 선수가 있다면 적보다 위험한 선수가 아니겠는가. 교회에는 하나님께 속해 있는지 세상에 속해 있는지 알기 힘든 신자들이 많다. "고 봤더니 그 사람 교회 다닌데 글쎄. 어떻게 교회 다니는 사람이 그런 일을 할 수 있지?"라는 말을 들을 때 속이 쓰리다.

　금이 금빛나고 은이 은빛나듯 신자는 거룩한 빛이 나야 한다. 신자는 '의를 행하는 삶'으로 빛나야 한다. 카피라이터 이만재는 그의 책 '막 쪄낸 찐빵'에서 그가 하나님의 자녀가 되어 가는 과정을 일기 형식으로 보여준다. 그에겐 이때까지 경험하지 못하였던 새로운 경험이 일어난다. 교회에 다니기 시작하면서 술자리를 피하기 시작하고 구역예배에 참석한다. 십일조에 대해 고민하기 시작하고, 전도하기 시작한다. 비록 초보 단계지만 '의를 행하는 삶'이 그에게서 시작된 것이다. 주기철만 못하고, 김활란만 못하지만, '의를 행하는 삶'은 이렇게 미미하게 시작하여 예수의 분량에 이르기까지 성장하게 된다.

이만재의 일기를 읽어보면 재미있는 사실을 발견하게 된다. 그가 하나님에 대하여 점점 알아 가는 과정은 세상이 그에 대하여 점점 무식해져 가는 과정이었다. 하나님의 자녀가 되기 전까지는 세상은 그에 대하여 꽤나 유식하였다. 그러나 하나님의 자녀가 되고 나자 세상은 갑자기 그에 대하여 무식해지기 시작하였다. 세상이 알고 있던 그는 술자리를 피하는 사람이 아니었다. 그러던 그가 왜 술자리를 피하는지 세상은 이해가 되지 않았다. 도무지 이해할 수 없자 세상은 그를 재미없는 사람으로 치부하기 시작했다. 그러나 그의 인생에는 오히려 세상에선 도무지 맛볼 수 없었던 재미있는 일이 생기기 시작한 것이다. 그가 누리기 시작한 환희와 감격을 세상이 어찌 알 수 있겠는가? 그가 하나님에 대하여 알아 가는 과정은 세상이 그에 대하여 무식해져 가는 과정이었다.

하나님과 가까운지 세상과 가까운지 구별하기 힘든 교인들, 하나님 편인지 세상 편인지 알 수 없는 교인들, 만일 이런 교인들이 다수를 이루는 교회가 있다면 그 교회는 무기력한 교회가 될 것이다. 이런 교회야말로 요한일서를 통한 대수술이 필요한 교회이다.

감격의 삶

미국 유학 중의 일이었다. 경비를 아끼기 위해 다른 아파트 임대료에 비하여 사분의 일, 혹은 삼분의 일밖에 안 되는, 한 달에 100불을 내는 방 한 칸짜리 아파트에 산 적이 있다. 그 곳엔 유난히 바퀴벌레가 많았다. 밤중에 자다가 물을 마시기 위하여 불을 켜면 재빠르게

도망치는 수많은 바퀴벌레들을 볼 수 있었는데, 어찌나 빨리 달아나
는지 순식간에 사라져 버리곤 하였다. 그러나 불만 끄면 다시 어디선
지 기어나왔다.

우리도 한땐 바퀴벌레가 아니었던가. 어둠 속에 있어야 편했고 빛
가운데 나오기를 죽기보다 싫어했던 존재가 아니었던가. 어둠 속에
서 동료 바퀴벌레들과 살던 우리는 우리가 얼마나 추한 존재인지 몰
랐었다. 나만 추한 게 아니고 세상이 온통 추했기에— 그러나 갑자
기 쏟아지는 빛 앞에 혼비백산 달아나는 바퀴벌레처럼, 우리는 하나
님의 빛을 싫어하였다.

그러나 지금은 하나님의 자녀다. 더 이상 어둠 속에 숨어 살 이유
가 없어진 것이다. 이 감격을 요한은 "사랑하는 자들아, 우리가 지금
은 하나님의 자녀라"라고 노래하였다. 죄를 지으며 살 수 밖에 없었던
우리가 의를 행하는 삶을 산다는 것이 얼마나 큰 감격인가. 하나님의
관심이 우리의 관심이 되었으며, 우리의 삶에 주님의 삶이 나타나기
시작하였고, 사람들은 우리의 삶을 통하여 그리스도의 삶을 읽기 시
작하였다. 자식을 보고 부모님의 모습을 가늠하듯 사람들은 우리의
삶을 보며 그리스도의 모습을 그려보기 시작하였다. 돌 하나, 풀 한
포기가 새로운 의미를 갖게 되었고, 인생은 온통 환희요 축제인 것을
고백하게 되었다. 바퀴벌레로서는 이해하지 못하는 새로운 차원의
삶이 열린 것이다. '부칠 곳 없는 정열을 가슴에 깊이 감추이고 찬
바람에 쓸쓸히 웃는 적막한 얼굴'3)로 인생을 사는 것이 아니라, 불이

타고 물이 끓듯, 정열을 온전히 불사르기에 아깝지 않은 기쁨의 인생을 찾은 것이다.

주님의 눈빛으로

그리스도인으로서 가장 가치 있는 삶은 어떤 삶일까? 그리스도처럼 사는 삶이다. 바울은 이러한 삶의 극치를 "그런즉 이제는 내가 산 것이 아니요 오직 주 예수 그리스도께서 내 안에 사신 것이라"는 신앙 고백으로 표현하였다. 내 눈에 주님의 눈빛 어리고, 내 가슴이 주님의 가슴처럼 사랑이고, 내 발길 머무는 곳에 주님의 발길 머무는 '기독자 완전'을 꿈꾸는 것이 우리의 소망이요 바람이다. 그분처럼 생각하고, 그분처럼 사랑하고, 그분처럼 희생하고, 그분의 눈길과, 그분의 가슴과, 그분의 손과 발을 갖고 사는 것이야말로 우리의 소망이다. 그러나 아직 수님의 눈빛 어리던 내 눈에 여전히 두려움과 절망의 눈빛 떨치지 못해 새벽 기도마다 주저하고, 산기도마다 찢어지는 것이 우리의 모습이다.

그러나 요한은 우리에게 놀라운 소식을 전하고 있다. 그 날이 오면 우리가 온전히 주님과 같이 변화되리라는 복음이다. 주님이 다시 나타나시는 그 날이 되면, 우리도 그와 같이 변화될 것이다. 그때엔 기독교적 복장, 기독교적 미소, 기독교적 이발법이 필요 없게 될 것이다. 우리 자신이 주님과 같이 변할 것이기 때문이다.

하나님의 형상이 완전히 회복되는 그 날을 눈물겹게 소망하며, 더 이상 죄로 인하여 깨어진 인생의 파편을 슬퍼하지 않을 복락원의 그 날, 우리는 주님 앞에서 깨어진 형상을 회복하고 그리도 그립던 주님을 만나며 우리의 처음 아담을 회복할 것이다. 요한은 이 사실을 이렇게 노래한다.

"우리가 지금은 하나님의 자녀라 장래에 어떻게 될 것은 아직 나타나지 아니하였으나 그가 나타내심이 되면 우리가 그와 같을 줄을 아는 것은 그의 계신 그대로 볼 것을 인함이니(요일 3:2)."

깨끗한 삶

내일에 대한 소망은 오늘의 삶을 통하여 나타난다. 대학 합격을 원하는 소원은 오늘 열심히 공부하는 모습으로 나타나고, 피아니스트의 소망은 오늘 피아노를 연습하는 모습으로 나타난다. 그렇다면 미래에 주님을 만나고자하는 소망이 있는 사람은 오늘 어떻게 살아야 하는가? 요한은 다음과 같이 증거한다.

"주님을 향하여 이 소망을 가진 자마다 그의 깨끗하심같이 자기를 깨끗하게 하느니라(요일 3:3)." 주를 향하여 소망을 가진 사람마다 그의 깨끗하심같이 자기를 깨끗하게 한다. 자기 자신을 깨끗하게 유지하지 못하는 사람은 실상은 주님에 대한 소망이 없는 사람이다.

요한은 5절에서 주님께서 오신 목적을 상기시킨다. 사람과 하나님 사이의 가장 큰 장애물이 죄라 할 때, 주님은 스스로 제물이 되어 죽으심으로 우리의 죄를 없애기 위하여 이 땅에 오셨다. 이러한 주님을 요한은 '세상 죄를 지고 가는 하나님의 어린양'이라고 묘사하였다.4) 예수님을 믿는다고 말하면서 여전히 죄를 짓는 사람이 있다면 사실 그는 예수님을 모르는 사람이다.

범죄하지 않는 사람

6절에서 두 종류의 사람이 대비된다. 하나는 범죄하는 사람이고 또 다른 하나는 범죄하지 않는 사람이다. 어떤 사람은 범죄하고 어떤 사람은 범죄하지 않는가? 예수를 모르는 사람은 범죄하고, 예수와 친밀한 교제를 나누는 사람은 범죄하지 않는다. 요한은 예수님 안에 거하는 자마다 범죄하지 않는다고 증거한다. 요한의 '거한다'는 단어 선택은 예수님을 아는 정도의 밀도를 보여주기 위한 적절한 표현이다.

아침마다 면도하는 사람의 얼굴은 늘 깨끗하다. 필자의 경우, 어쩌다가 면도를 거르는 날은 사람들이 내 얼굴만 쳐다보는 것 같아 마음이 편치 않다. 깨끗지 못한 얼굴을 사람들에게 보이기 싫기 때문이다. 하루는 매일의 습관처럼 잠자리에 들기 전에 딸아이를 위해서 기도를 하고 볼에 입을 맞추었다. 딸아이가 말하기를 "아빠, 오늘 면도 안 했지? 따가워요."라고 하였다.

그러나 그 날 아침 나는 면도를 했었다. 그렇지만 턱을 만져보니 껄껄하였다. 그새 자란 것이다. 딸아이에게 이런 말을 안 들으려면 아침뿐 아니라 저녁에도 면도를 해야 한다. 아침, 저녁으로 하루에 두 번 면도한다면 늘 매끄러운 턱을 유지할 수 있을 것이다.

죄라는 것은 하루 이틀만 면도하지 않아도 흉해지는, 턱에 자라는 수염과 같다. 그러면 어떻게 할까. 간단하다. 수시로 깎아주기만 하면 된다. 그렇게만 한다면 아무리 수염이 많은 사람이라 할지라고 항상 깨끗한 얼굴을 유지할 수 있다. 그러기 위해선 늘 면도기와 함께 살아야 한다. 면도기를 늘 얼굴에 '거하게' 하는 사람, 그 사람은 언제나 깨끗한 얼굴을 유지할 수 있다. 아무리 수염이 많은 사람도 늘 면도기와 살면 깨끗한 얼굴을 유지할 수 있는 것처럼, 항상 주님과 사는 사람은 늘 깨끗한 삶을 유지 할 수 있다. 이러한 상태를 가리켜 요한은 "그 안에 거하는 자마다 범죄하지 아니 하나니"라고 하였다. 아침마다 면도하는 사람이 그러하듯, 항상 주님 안에 거하는 사람은 깨끗하게 살 수 있다. 아침마다 면도하는 것이 번거로워 보이지만 습관이 되면 힘들지 않듯이, 주님 안에 거하는 것도 습관이 되고 삶이 되면 전혀 어렵지 않게 된다.

그렇다면 그리스도인은 전혀 범죄하지 않는단 말인가? 아니다. 요한은 믿는 자라 할지라도 스스로 자기에게 죄가 없다고 주장하는 사람은 거짓말쟁이라고 규정하였으며, 신자 안에 있는 죄를 어떻게 처리할지 그 방법까지도 이미 제시하였다(요일 1:8-2:1). 언제나 깨끗한 사람이 되기 원한다면, 늘 면도하여 자신을 깨끗케 유지해야 하는 것이 당연하지만, 불행히도 하루 이틀 면도를 게을리하여 얼굴이 시커매졌다면 언제라도 즉시 면도하면 다시 깨끗한 얼굴을 얻을 수 있다는, 다시 말하여, 어느 때라도 회개하면, 주님과 교제하는 길이 열려 있다는 진리를 가르쳤다.

그러나 "범죄하는 자마다 그를 보지도 못하였고 알지도 못하였다"고 요한은 증거한다. '범죄하는 자'의 현재 분사 사용은, 어쩌다 한번 실수로 죄를 짓는 상태를 묘사하는 것이 아니라, 범죄하는 상태가 지속적이고 반복적이어서, 죄 짓는 것이 그 사람을 나타내는 기본적인 성격이 되 버린 사람을 지칭하는 용어로 쓰인 것을 볼 수 있다. 그러

한 사람은 주님을 알기는커녕 보지도 못한 사람이라는 것이 요한의
주장이다.

두 종류의 사람

7절과 8절에선 '의를 행하는 자'와 '죄를 짓는 자'가 대표적인 두 종
류의 사람으로 대비된다. '의를 행하는 자'의 삶에 주님의 의로우신
성품이 나타난다면, 죄를 짓는 사람의 삶에는 마귀의 모습이 나타난
다. 헬라어 원문의 '의를 행하는 자'의 현재 분사 사용은, 의의 행위가
어쩌다 한번 있는 일회적인 사건이 아닌, 지속적 반복적 동작으로 습
관이며 삶처럼 되어버린, 그 사람의 성품을 나타내는 대표적인 형용
사가 되어버린 상태의 사람을 의미한다. 이러한 사람의 삶이야말로
인간과 하나님이 가질 수 있는 아름답고 친밀한 관계를 나타내는 가
장 효력 있는 간증이다. 이런 종류의 삶이 불신자들에게는 '세상의 빛
이요 소금'으로 나타난다.

8절에서 '죄 짓는 자'의 분사 용법도 7절의 경우와 마찬가지이며,
주어의 행위가 반복적이며 지속적이어서 죄 짓는 행위가 습관이 되
고, 삶이 되어버린 사람을 가리킨다. 이런 사람은 마귀에게 속한 사
람이다. 여기서 요한은 하나님의 자녀와 마귀의 자녀의 갈등 이면에
는 하나님의 아들과 마귀의 갈등이 자리잡고 있음을 증거한다. 범죄
의 시작이 마귀라면, 마귀의 일을 멸하기 위하여 오신 분이 하나님의
아들이기 때문이다.

이와 같이 두 종류의 사람이 있고, 그 뒤에는 하나님과 마귀가 각

각의 후원자로 있음을 아는 것이 중요하다. 그래야 미혹되지 않을 것이다. 하나님에 의해서 움직이는 사람인지 마귀에 의해서 움직이는 사람인지 그의 삶을 분별하여 그가 마귀에 의해서 움직여진다면 미혹되지 않도록 조심해야 할 것이다.

씨가 있는 사람

영성 있는 삶의 소유자에겐 신적 출생이 있다. 역으로 말하면 신적 출생이 없는 사람에겐 영성 있는 삶이 불가능하다. 혹 도덕적으로 깨끗해 보이는 삶을 사는 사람이 있다 할지라도 그에게 신적 출생이 없다면, 그의 삶은 겉으로만 그렇게 보일 뿐 실상은 사기요, 기만이요, 회칠한 무덤이다. 하나님에게서 난 사람이라야 거룩한 삶을 살 수 있다. 이것은 노력의 문제가 아니라 출생의 문제다. 교육의 문제가 아니고 씨의 문제다. 살구씨 심어놓고 정성을 드린다고 사과나무가 나올 리 없다. 죄 없는 거룩한 삶을 살려면 먼저 하나님의 씨로 거듭나야 된다. 요한은 '하나님께로 난 자마다 죄를 짓지 아니하나니 이는 하나님의 씨가 그의 속에 거함'이라고 증거한다. 씨 때문이다. 하나님의 씨가 있기에 영적인 삶을 살 수 있는 것이다. 그러므로 죄 없는 거룩한 삶을 살려면 이런 저런 노력을 하기 전에 무엇보다도 먼저 성령으로 거듭나야 된다. 그러므로 예수는 그를 찾아온 니고데모에게 "육으로 난 것은 육이요 성령으로 난 것은 영이니 내가 네게 거듭나야 하겠다 하는 말을 기이히 여기지 말라(요 3:5-6)"고 하였다. 그러므로 교회에서 신생, 혹은 중생의 중요성은 아무리 강조해도 충분치 않다.

나무를 키우려면 먼저 그 나무가 살았는지 죽었는지 확인해야 한다. 죽은 나무에 좋은 거름 준다고 무슨 소용이 있겠는가. 제자는 만들어지지만, 신자는 태어난다. 제자를 훈련하기 전에 먼저 그에게 하나님의 씨가 있는지 없는지를 확인해야 한다. 가룟 유다는 많은 훈련을 받았다. 그러나 성장하지 못하였다. 예수의 직접적인 훈련에도 불구하고 제자가 되지 못하였으며, 결국은 예수를 배반하고 목매 자살하였다. 씨가 없었기 때문이다.

그러므로 거룩하게 사는 사람마다 그 공을 자신에게 돌리지 않고 하나님께 돌린다. 그가 그런 삶을 사는 것은 자기의 인격 때문이 아니라 자기 속에 거하는 하나님의 씨 때문임을 아는 까닭이다.

범죄치 못하는 사람

9절 하반절의 '하나님께로서 난 사람은 범죄치 못한다'는 요한의 논의는 '신자라 할지라도 죄를 지을 수 있는 가능성이 있다'는 1장 8절에서 10절까지의 주장과 모순되는 것처럼 보인다. 거룩하게 살려고 애쓰는 신자도 죄를 지을 수 있다는 현실을 감안할 때 이 구절은 문제가 있어 보인다.

요한이 이 구절에서 말하고자 하는 바는 신자가 갖고 있는 육체의 연약성을 부인하려 하는 것이 아니라 거듭난 영의 무흠성을 강조하고자 함이다. 하나님의 씨로 거듭난 영은 흠이 없다. 하나님이 완전하기 때문이다. 그러므로 거듭난 영은 절대로 죄를 짓지 않을 뿐 아니라 지을 수도 없다. 거듭난 영이 할 수 있는 일은 오직 하나님을 찬양하는 것이요, 그분의 성품을 따라 의를 행하는 것이다. 거듭난 영은 아버지의 일만을 할 수 있기 때문이다. 그러므로 하나님께로서 난 사람은 범죄하지도 않으며 할 수도 없다. 이 사실은 부인할 길이 없다. 이를 부인한다면 하나님의 씨에 흠이 있음을 인정하는 것이 된다.

그렇다면 그리스도인의 범죄 행위에 대해선 어떻게 해석해야 할 것인가. 로마서 8장에서 바울은 그리스도 예수 안에 있는 자에게는 결코 정죄함이 없다고 하며, 성령께 순종하되 육신을 따라 살지 말라고 권면한다. 하나님께로서 난 사람은 성령님에게 순종한다. 그러나 거듭난 사람이라 할지라도 육신대로 살게 되면 범죄하게 된다.

이러한 이유 때문에 우리는 우리 육체의 장막이 벗어지는 날 새로운 몸을 입을 것을 소망한다. 바울은 그러기에 "성령의 처음 익은 열매를 받은 우리까지도 속으로 탄식하여— 우리 몸의 구속을 기다린다"고 하였다(롬 8:23).5) 그 때가 되면 육체가 연약하여 미혹받는 일이나, 범죄하는 일이 없을 것이다. 원래 하나님께로 난 자는 범죄하지 않을 뿐 아니라 할 줄도 모르기 때문이다.

삶으로 구별되는 두 종류의 사람

하나님의 자녀와 마귀의 자녀는 어떻게 구별되는가. 궁극적으로 그가 어떤 삶을 사느냐로 구별된다. 그러나 본문에서의 요한의 관심은 누가 마귀의 자식인가를 구별하는 데 있다기보다는, 편지를 읽는 대상이 신자라는 점에 유의할 때, 진정 하나님의 자녀라면 어떤 삶을 살아야 하는가에 있다. 그런 관점에서 요한은 신자들을 대상으로 어떤 사람이 진정한 하나님의 자녀가 될 수 없는가에 대하여 말하고 있다.

다음의 두 가지에 해당하는 사람은 하나님의 자녀라고 말할 수 없다. 먼저 그의 삶에 하나님의 의가 나타나지 않는 사람은 하나님께 속했다고 말할 수 없다. 사과나무에 사과가 열리듯, 아들이 당연히 아버지를 닮듯, 하나님께 속한 사람은 하나님의 의를 행하게 되어 있다. 둘째로, 형제를 사랑치 않는 사람은 하나님께 속한 사람이 될 수 없다. 사람이 형제와 어떤 관계를 갖고 있는가는 그가 하나님과 어떤 관계를 갖고 있는가를 보여주는 좋은 거울이기 때문이다. 그러기에 요한은 "그 형제를 사랑치 아니하는 자는 하나님께 속하지 아니한다(요일 3:10)"고 증거한다. '하나님의 의'가 형제와의 관계에선 사랑으로 나타나기 때문이다.

크게 보아 세상은 두 종류의 사람으로 가득 차 있다. 그러나 이 가르침을 기반으로 '아무개는 하나님의 자녀이고 아무개는 마귀의 자녀구나'라고 판단하기 시작한다면, 이는 요한의 가르침을 크게 오해하는 것이다. 하나님이 요한을 통하여 이 말씀을 주신 것은 교회를 판단하기 위해서가 아니라, 오히려 교회의 본모습을 찾으려는 데 뜻이 있기 때문이다. 하나님의 의를 행하는 삶의 소유자들이 많아질 때 진정한 교회의 모습이 회복될 것이다. 하나님을 믿는다고 말하면서 불신자처럼 살며 하나님의 의보다는 세속 문화를 즐기려는 현대 기독교인에게 본문에서 보여주는 요한의 가르침은 그들의 문제를 근본적으로 수술하는 수술실 역할을 할 것이다.

제8장

관계의 역학, 사랑과 미움

(요일 3:11-17)

하나님과 좋은 관계에 있는 사람은 이웃과도 좋은 관계를 갖는다. 이웃과 원수인 사람이 하나님과 좋은 관계를 갖고 있다는 것은 거짓말이다. 사람이 하나님과 어떤 관계를 갖고 있는가 알기 원한다면 그가 사람들과 어떤 관계를 가졌는가를 살펴보면 된다.

수직과 수평, 사랑의 함수 관계

김 아무개가 하나님과 어떤 관계를 갖고 있느냐와 김 아무개가 사람들과 어떤 관계를 갖고 있느냐 사이에는 일정한 함수 관계가 성립한다. 김 아무개와 하나님과의 관계가 좋으면 좋을수록 김 아무개와 사람과의 관계도 좋을 것이며, 김 아무개와 하나님의 관계가 나쁘면 나쁠수록 김 아무개와 사람과의 관계도 나쁠 수밖에 없다. 혹 이 함수 관계가 적용되지 않는 사람이 있다면, 그는 위선적인 종교인이다. 하나님과는 가까운데 이웃과 나쁜 관계를 갖고 있는 사람이 있다면 그는 진실한 종교인인 척하지만 실상은 위선자요 거짓말쟁이일 뿐이다. 하나님과의 수직 관계가 좋은 사람은 이웃과의 수평 관계도 좋을 수밖에 없다. 수직 관계와 수평 관계가 잘 조화된 사람 그는 성숙한 그리스도인이다. 사람과 하나님과의 수직 관계는 눈에 보이지 않는다. 이에 반하여 사람과 사람 사이의 수평 관계는 눈에 잘 보인다. 따라서 수직관계를 알고 싶으면 수평 관계를 관찰하면 된다. 그리스도인의 이웃과의 관계는 그와 하나님과의 관계의 진위를 보여주는 리트머스 용지와 같다.

사랑과 미움

하나님과 사람 사이의 친밀도를 어떻게 하면 극대화시킬 수 있는가를 가르치는 요한은, 본문에선 사람과 사람 사이의 관계에 대하여 설명한다. 사람과 사람 사이에는 어떤 관계가 가능한가? 두 가지다. 사랑과 미움이다. 요한은 바람직한 관계로 사랑의 관계를, 피해야할 관계로 미움의 관계를 제시한다. 긍정적 관계의 최상이 '사랑'으로 표현된다면, 부정적 관계의 전형은 '미움'으로 나타난다. 요한의 뛰어난 통찰력을 주목해 보라. 그의 이해에 의해 역사적으로 볼 때, 최악의 관계가 가인과 아벨을 통하여 나타났다면, 최선의 관계는 예수와 사람 사이에서 나타났다. 요한은 부정적 관계의 전형으로 가인의 살인을, 긍정적 관계의 전형으로 예수 그리스도의 십자가를 증거한다. 전자는 미움에 후자는 사랑에 그 바탕을 두고 있다.

관계의 연결 고리, 사랑

3장 11절에서 요한은 "우리가 서로 사랑할지니 이는 너희가 처음부터 들은 소식이라"고 말한다. 하나님의 자녀가 서로 사랑하는 것은 당연한 일이다. 서로 사랑하는 것이야말로 그리스도인의 가장 큰 특징이다. 이는 처음부터 들은 소식이다. 여기서 '처음'은 복음의 시작을 의미한다. 요한의 수신자가 사도들로부터 처음부터 들은 복음은 "서로 사랑하라"라는 것이었고, 이는 예수 그리스도의 가르침이요 계명이었다(요 13:34-35; 15:12,17). 그러므로 그리스도인으로서 형제를 사랑하지 않는 사람은 사도적 공동체의 구성원이 될 자격이 없는 사람이다. 그리스도인의 계명을 지키지 못하면서 어떻게 그리스도인이라 할 수 있겠는가. "우리가 사랑할지니"의 헬라어 원문의 현재 시제 사용은 사랑의 행위가 중단 없이 계속되는 상태를 나타낸다. 사도적 공동체 '우리'의 특징은 공동체원 간에 끊임없이 계속되고 반복되는 사랑의 행위이다. 믿음이 있다고 말하면서도 형제를 사랑하지 않는 사람이 있다면 그는 사도들의 가르침과는 다른 삶을 사는 사람이다. 그가 사도적 공동체의 전통적 신앙의 대열에 서 있는지 아닌지는 그의 삶에 사랑이 있는지 아니면 미움이 있는지를 보아서 판별할 수 있다.

두 가지 인간형

가족 관계의 기초는 사랑이다. 인류 역사상 가족 관계를 깨뜨린 최초의 사람은 형제를 살인한 가인이다. 요한은 가인을 사람과 사람의 관계에서 피해야 할 전형적인 모델로 소개한다. 그는 친 동생 아벨을 죽였다. 한글 개역성경의 '죽였으니'로 번역된 원문을 살펴보면 '도살하다'는 뜻의 '에스파켄'을 사용하였다. 요한은 가인의 행위가 얼마나 폭력적이었는가를 보이기 위하여 일부러 이 단어를 선택하였을 것이다.1) "어찐 연고로 죽였느뇨"라는 수사학적 질문은 친동생을 죽일 수밖에 없었던 살인의 동기가 과연 무엇이었는지에 대한 강한 의구심을 나타낸다. 대답은 의외로 간단하다. "자기의 행위는 악하고 그 아우의 행위는 의롭기" 때문이었다. 가인과 아벨로 대별되는 이 두 가지 인간형은 가인의 후예와 아벨의 후예로 대립되어 창세기에 나타나는 중요한 신학적 주제 가운데 하나이다. 이 갈등은 창세기 4장 이후 지금까지 계속되고 있다. 인간은 크게 악을 행하는 인간과 의를 행하는 인간의 두 가지 유형으로 대별된다. 악을 행하는 가인의 후예는 지금도 의를 행하는 사람을 미워한다.

세상의 속성

"세상이 너희를 미워하거든 이상히 여기지 말라"고 요한은 당부한다. 세상의 미움은 신자들이 늘 직면하는 실제적인 문제이다. "이상히 여기지 말라"2)와 똑같은 용법이 요한복음 5장 28절에서 발견되며 그곳에서는 "기이히 여기지 말라"로 번역되었다. "기이히 여기지 말라 무덤 속에 있는 자가 다 그의 음성을 들을 때가 오나니." 요한복음 3장 7절에서도 비슷한 용례가 발견되나, 현재 시제 대신 부정과거 가정법(Aorist Subjuctive)을 사용하고 있다. "내가 네게 거듭나야 하겠다 하는 말을 기이히 여기지 말라".3)

이 두 가지 용법 사이에는 의미상 큰 차이가 있다. 요한복음 3장 7절의 부정 과거를 사용한 경우, 이 말씀은 예수님께서 니고데모에게 하신 말씀으로, 니고데모의 질문에 대한 일회적 응답의 성격을 띠고 있다. 반면에 본문의 "세상이 너희를 미워하거든 이상히 여기지 말라"

에선 '세상이(계속 반복하여) 너희를 미워하거든 (그때마다 계속 반복하여) 이상히 여기지 말라'는 뜻으로 쓰였다. 니고데모의 질문에 대한 예수님의 대답은 한번으로 끝났기에 니고데모가 기이히 여기는 것도 한 번으로 족하지만, 세상이 신자를 미워하는 일은 계속 반복되어 일어날 것이며 신자로선 그러한 일을 겪을 적마다 언제이건 그 일을 전혀 이상히 여길 필요가 없다는 말이다.

가인이 아벨을 미워했듯이 세상은 믿는 사람을 미워한다. 가인과 아벨의 경우처럼 자기의 행위는 악하고 믿는 사람의 행위는 의롭기 때문이다. 그러므로 세상이 미워한다고 이상하게 생각할 필요가 없다. 의롭게 살아도 알아주는 사람이 없다고 스스로 자기 연민에 빠져서 괴로워할 이유는 더욱 없다. 오히려 세상이 나를 미워하지 않는다면 과연 나는 의를 행하며 사는 사람인지 자신의 신앙을 점검해볼 필요가 있다. 의를 행하지 않는다면 세상이 굳이 그를 미워할 이유가 없기 때문이다. 믿는 사람의 행위는 의롭기에 자연히 세상의 불의와 악을 드러내게 되고, 세상은 그의 의를 견디지 못하게 되어 그를 시기하고, 미워하며, 심지어는 죽이기까지도 한다. 예수는 시장판이 되어버린 성전의 타락을 보고 견딜 수 없었다. 그는 성전에 만연된 악을 제거하기 위하여 채찍을 들고 성전에서 장사하는 장사꾼들을 몰아내었다. 세상은 예수의 의를 견디지 못하여 그를 시기하다 결국은 십자가 처형으로 죽이고야 말았다. 세상으로부터 사랑받는 신자가 있다면, 스스로의 신앙을 점검해 보아야 한다.

'형제들아'라는 호칭이 다른 서간서에선 많이 쓰이지만 요한일서에 선 이 구절에서만 유일하게 사용되었다.4) 그렇다면 왜 갑자기 수신 자의 호칭을 '형제들'로 바꾸었을까?5) 세상의 미움을 받는다는 면에 서 요한도 그들과 한 배를 탄 똑같은 형제임을 강조하기 위해서일 것 이다. 소극적으로 말하면 세상으로부터 미움받는 사람들만이 한 형 제이다. 세상의 사랑을 받는 사람은 세상에 속한 사람이다.

사망과 생명의 갈림길

지구상에는 크게 두 부류의 사람이 있다. 하나는 '사망'에 속한 사 람이요 또 다른 하나는 '생명'에 속한 사람이다. 그렇다면 어떻게 이 두 부류의 사람을 구별할 수 있을까? 요한의 판별법에 의하면, 형제 를 사랑하는 사람은 생명에 속한 사람이며, 사랑치 못하는 사람은 죽 음에 속한 사람이다. 왜 그러한가? 형제를 진실로 사랑하는 사람이야 말로 하나님께 속한 사람이요, 형제를 사랑치 않는 사람은 하나님께 속하지 않았기 때문이다. 하나님은 곧 사랑이기 때문이다.

"우리가―사망에서 옮겨 생명으로(3:14)"의 "우리가 옮겨"라는 동 사의 완료 시제 사용은 주어 '우리'가 한 장소에서 다른 장소로 옮겨진 동작이 완료된 상태를 표시하며, 이 동사는 일반적으로 한 나라에서 다른 나라로 이민하는 지리적 이동의 행위를 표현하기 위하여 사용된 다. 본문에선 사람의 영적 신분이 '사망'의 영역에서 '생명'의 영역으 로 완전히 옮겨진 상태를 표현한다. '사망'이 인간의 타락으로 하나님 과 멀어진 상태를 나타낸다면, '생명'은 그 반대의 상태, 즉 하나님께로 돌아서서 교제가 회복된 상태를 나타낸다. 하나님의 생명은 성도가 죽은 후에야 누리기 시작하는 것이 아니라 믿기 시작하는 순간부터 누리는 것이다. 새 신자의 삶은 사망의 나라에서 영생의 나라로 이민 가서 새 나라의 시민권을 취득하고 새로운 삶을 시작하는 것과 같다. 이제 그는 이민 오기 전의 법은 잊어버리고 새 나라의 법을 지키며 살아야 한다. 이민 오기 전의 법이 '미움의 법'이었다면, 이민 온 후의 법은 '사랑의 법'이다.

'우리가—사랑함으로'의 현재 시제 사용은 사랑하는 행위가 지속적이며 습관적인 상태에 있음을 나타낸다. 형제를 사랑하는 행위가 우발적이거나 즉흥적이 아니며 지속적이고 습관적인 사람은 하나님과 친밀한 관계에 있는 것이 분명하다.6) 그러므로 그러한 사람은 이미 '사망에서 옮겨 생명으로 들어간' 사람임이 분명하다. 형제를 사랑하는지 않는지의 여부는 하나님과의 관계 여부를 보여주며, 하나님과의 관계는 형제 관계에서 열매로 나타난다. 열매를 보아서 그 나무를 알 수 있다.

'사망에서 옮겨 생명으로' 들어가는 것은 신자가 되기 위한 전제 조건이다. 아기를 낳고서야 육아에 대하여 말할 수 있는 것처럼, 거듭남이 있은 후에야 영적 양육과 성장에 대하여 말할 수 있다. '요한과 초대교회 사도들이 가졌던 하나님과의 친밀한 교제'도 거듭남이 전제되고서야 논의할 수 있는 사항이다. 본문에서 요한은 '형제를 사랑치 않는 자'는 아직 '사망에 거하는 자'라고 말하고 있다. 이 말은 형제를

사랑하지 않는 사람은 아직 태어나지도 않은 사람이란 말이다. 거듭
나지도 못했다는 말이다. 그런 사람하고야 무슨 영성 훈련에 대한 논
의가 가능하겠는가?

그리스도인의 본성

개가 멍멍 하고 짖는 것은 그것이 개이기 때문이다. 새가 나는 것
은 그것이 새이기 때문이다. 마찬가지로 그리스도인이 형제를 사랑
하는 것은 그가 그리스도인이기 때문이다. '멍멍' 하고 짖지 않고 '야
옹'하고 운다면 그것이 진짜 개인지 의심스럽고, 날지 못하고 기어다
닌다면 그것이 진짜 새인지 의심스러운 것처럼, 형제를 사랑하지 못
하고 미워하는 교인이 있다면 그가 진짜 그리스도인인지 의심할 일이
다. '멍멍' 하고 짖는 것이 개의 본성이요, 기어다니지 않고 날아다니
는 것이 새의 본성이듯, 형제를 미워하지 않고 사랑하는 것이 그리스
도인의 본성이다. 한 부모 밑에 난 자식이 서로 사랑하며 살 것이 기
대되듯이, 하나님을 아버지로 섬기며 사는 신자들은 서로 사랑하며
살도록 되어 있다.

대인관계에 나타나는 영생

남을 미워하는 것이 성품의 내적 실상이라면 살인은 그러한 성품
의 외적 표출이다. 인간은 미워하는 행위를 통하여 본인과 상대방의
영혼에 상처를 입히며, 살인이라는 행위를 통하여 상대방의 육체까
지도 파괴시킨다. 살인 행위는 상대방의 육체가 파괴되는 구체적 물

증을 갖고 있다. 따라서 그에 대한 법정의 판결과 형벌이 있다. 그러나 미워하는 행위에는 눈에 보이는 구체적 물증이 없으므로 아무런 법원의 판결이나 형벌이 따르지 않는다. 그러나 하나님의 나라에선 다르다. 미워하는 행위는 곧 살인 행위이다. 그러므로 요한은 본문에서 "형제를 미워하는 자마다 살인하는 자"(3:15)라고 말한다. 세상 재판에선 물증이 있어야 하지만, 하나님의 나라 재판에선 심증이 곧 물증과 같은 효력을 발휘한다. 하나님은 영이시기 때문이다. 사람은 육체를 보지만 하나님은 영을 보신다. 사람은 겉을 보지만 하나님은 속을 보신다. 그러므로 이 땅에선 아무것도 아닌 것도 하늘나라에선 스캔들이 된다. 하나님 나라에선 형제를 미워하는 것은 살인이며, 형제를 보고 음욕을 품는 것은 간음이다.

　요한은 형제를 미워하는 자는 살인자이며, 그런 살인자 속에는 영생이 거하지 않는다고 말한다. '영생이 거한다'는 것은 무엇을 의미하는가. 영생은 예수 그리스도의 생명이다. 예수 그리스도의 생명이 그 안에 거하는 사람은 그의 삶에 예수님의 품성이 나타난다. 영생은 육체적 삶의 연장이 아니라 하나님과의 관계에서 얻게 되는 신적 삶의 질이다. 용서하지 못하던 사람이 용서하는 모습에서, 무감각했던 사람이 감격하며 사는 모습에서, 절망 속에 있던 사람이 소망 속에 사는 모습을 통하여 우리는 영생의 모습을 발견한다. 미움과 살인이 가인의 성품이라면, 사랑은 예수의 성품이다. 예수의 성품대로 사는 사람에게 영생이 있다면, 가인의 성품으로 사는 사람에겐 영벌이 있다. 형제를 미워하는 사람 속에는 영생이 거하지 않는다. 영생과 미움은 어울리지 않는 상반된 단어이다.

좋은 가정은 형제 사이에 우애가 있다. 서로 사랑하며 아낀다. 그러나 형제간에 사랑이 없는 가정은 죽은 가정이다. 형제끼리 미워할 때 가정은 지옥으로 변한다. 모든 신자는 하나님의 자녀이다. 하나님은 아버지이고 우리는 그의 자녀이다. 모든 신자는 하나님을 아버지로 모신 한 가족이다.

아버지 하나님은 그의 가족에 사랑이 있기를 기대한다. 그분 자신이 사랑이시기 때문이다. 자기 자식끼리 서로 미워하는 것을 용납할 부모가 어디 있겠는가. 하물며 하나님께서 당신의 자식끼리 서로 미워하는 것을 용납하시겠는가? 가족끼리 미워한다는 것은 거룩한 하나님의 가족엔 있을 수 없는 일이다. 혹 형제를 미워하는 사람이 있다면, 혹 내가 착각 가운데 남의 집에 잘못 들어온 사람은 아닌지 스스로의 신분을 확인해야 한다. 올바른 가족관계가 이루어지려면 서로 미워하는 일이 없어야 한다.

두 가지 모델

요한은 두 종류의 인간상을 모델로 제시하고 있다. 하나는 살인자 가인이요, 다른 하나는 남을 위해 스스로의 목숨을 희생한 예수 그리스도이다. 인간은 다 똑같은 사람이지만 어떤 모델을 따르느냐에 따라 남을 죽이는 사람이 될 수도 있고 살리는 사람이 될 수도 있다. 신자라면 당연히 가인이 아니라 예수를 모델로 삼아야 할 것이다. 그러므로 요한은 "우리도 형제들을 위하여 목숨을 버리는 것이 마땅하다"(3:16)고 증거한다. 예수를 모델로 살아갈 때 신자들도 예수가 살았던 삶의 질을 똑같이 누릴 것이다. 세상으로서는 이해하지 못하는 이러한 영성 있는 삶을 가리켜 '영생'이라고 부른다.

어떤 부자 청년이 예수님께 "내가 어찌하여야 영생을 얻으리이까?" 하고 물었다. 예수는 계명을 지키라고 가르쳤다.7) 그런데 그 때 예수가 제시한 계명은 모세의 십계명 중 하나님과 관계된 계명이 아니라 "살인하지 말라, 간음하지 말라, 도적질하지 말라" 등등의 사람과 관계된 계명이었다. 그 중요성에도 불구하고 사람과 하나님과의 관계를 규명한 제1계명부터 제4계명까지는 전혀 언급하지 않았다. 여기에 예수의 날카로운 통찰력이 엿보인다. 부자 청년은 스스로 생각하기를 자기 자신이 하나님과의 관계에선 완벽하다고 믿었을 것이다.

그러나 그의 자기 확신은 형제와의 관계를 통하여 검증될 필요가 있었다. 예수는 십계명 중 대인관계 계명들을 제시하여 그의 신앙의 허구를 드러내고자 하였다. 그러나 어리석은 부자 청년은 예수가 지적하는 논점을 깨닫지 못하고 "선생님이여 이것은 내가 어려서부터 다 지키었나이다"라고 자신 있게 대답하였다. 과연 다 지켰을까. 아니다. 이에 주께서 "네 있는 것을 다 팔아 가난한 자들을 주라── 그리고 나를 따르라"고 명령하였다. 부자 청년은 재산이 많았기에 근심하며 예수를 떠났다. 계명을 다 지켰다는 그의 대답이 허구라는 사실이 곧 드러난 것이다. 예수 앞에 나와 계명을 다 지켰다고 자부했던 부자 청년, 그에게 종교는 있었으나 삶이 없었다. 이 기사는 부자 청년이 갖고 있던 신앙의 왜곡된 실상을 고발한다. 그는 물질적 손실을 감수하면서까지 형제와의 관계를 올바로 세울 자신이 없었다. 그렇다면 그와 하나님과의 관계도 다시 점검해 보아야 하지 않을까?

"내가 어찌하여야 영생을 얻으리이까?"라는 부자 청년의 질문을 곱씹어볼 필요가 있다. 아마도 그는 영생을 죽음 후의 부활로 생각했을 것이다. 그러나 영생은 사후에 얻는 것이 아니라 오늘부터 사는 것이다. 영생을 오늘 누리지 못하고 사후에 얻는 것으로만 생각하는 사람들이 있다. 마치 오늘 투자하고 내일 이익 배당을 기대하는 투자자처럼 오늘 종교에 이만큼 투자했으니 내세에는 염려가 없다는 생각을 가진 이러한 사람들은 오늘의 삶에 실패할 확률이 높다. 이러한 사람들 중에는 외적으로는 상당히 종교적인 것처럼 보이지만, 내적으로 하나님과의 관계에서 허약한 사람들이 많다. 예수는 이러한 모습을 지닌 바리새인들을 비판하여 '회칠한 무덤'과 같다고 하였다. 겉은 '회'를 칠하여 깨끗해 보이지만 속은 송장의 썩은 것이 들어있는 무덤의 모습으로 그들의 삶을 비유하였다. 영생은 치장으로 되는 것이 아니다. 살아야 되는 것이다. 긴 겨울 끝 앙상해 보이는 가지에도 봄이 오면 잎이 피고 꽃이 핀다. 안에 생명이 있기 때문이다. 예수가 그 안에 있는 사람은 누구나 영생의 삶을 산다.

작은 도움에 영생의 삶이

요한은 "누가 이 세상 재물을 가지고 형제의 궁핍함을 보고도 도와줄 마음을 막으면 하나님의 사랑이 어찌 그 속에 거할까보냐"(3:17)라고 반문한다. 깊은 신앙심으로 하나님의 사랑이 풍성하다고 말하는 사람이라 할지라도 형제의 궁핍을 돕지 못하는 사람이라면, 그의 신앙 자체를 재점검해야 할 것이다. 부자 청년같이 거짓된 종교 생활로 자기 자신을 기만하는 사람이야말로 얼마나 불쌍한 사람인가. 무엇이 영생의 삶인가. 형제의 궁핍함을 보고 도와주는 삶이 영생의 삶이다. 부자 청년의 인격으론 이 일이 불가능하였다. 청년의 삶을 지배한 것은 자기중심적 율법주의 신앙이지 예수의 인격이 아니었기 때문이다. 영생의 삶은 구름 타고 날아다니는 요술 같은 삶이 아니다. 영생의 삶은 희생을 무릅쓰고 형제를 사랑하는 삶이다. 정기적으로 고아원을 방문하여 자원 봉사하는 평범한 어느 신자의 삶에, 어려운 형편에서도 매달 장학금을 내어 놓는 어느 장로의 삶에 영생의 삶이 보인다. 평범해 보이는 그들은 영성 있는 그리스도인들이다.

제9장

사랑과 확신

(요일 3:18-24 강해)

그리스도인은 평생 남을 사랑하며 살도록 부름 받은 존재이다. 그가 진정한 그리스도인인가 아닌가를 알려면 그가 이웃을 어떻게 사랑하는가를 보면 된다. 예수는 "너희가 서로 사랑하면 이로써 모든 사람이 너희가 내 제자인 줄 알리라"[1]고 하였다. 또 "내 계명은 곧 내가 너희를 사랑한 것같이 너희도 서로 사랑하라 하는 이것이니라"[2]고 하였다. 사랑의 행위는 그리스도인의 표식이다. 본문에서 요한은 남을 사랑하는 신자가 겪게 되는 마음의 갈등과 해결책, 그리고 그에 따른 영적 풍성함에 대하여 소개한다.

두 종류의 사랑

말로만 사랑하는 신자가 있는가 하면, 행동으로 사랑하는 신자가 있다. 요한은 "자녀들아,[3] 우리가 말과 혀[4]로만 사랑하지 말고 오직 행함과 진실함[5]으로 하자"고 증거한다(3:18). 말만 앞세우는 영지주의자들에 대한 경고라고 볼 수 있다. 그러나 구원받은 교인들에게도 필요한 말씀이다. 아무리 남에게 그럴 듯하게 말한다 할지라도 행동이 따르지 않는다면 그 사랑은 거짓이다. 야고보는 이와 같이 잘못된 사랑을 다음과 같이 경고한다. "어떤 형제나 자매가 헐벗고, 그 날 먹을 것조차 없는데 여러분 가운데서 누가 그들에게 평안히 가서 몸을 따뜻하게 하고, 배부르게 먹으라고 말만 하고 몸에 필요한 것들을 주지 않으면 무슨 소용이 있겠습니까? 믿음에 행함이 따르지 않으면, 그 자체만으로는 죽은 것입니다."6)

말만 있고 행동이 없는 사랑은 비 없는 천둥이다. 소리만 요란하기만 할 뿐 실제적으론 아무에게도 아무런 혜택도 주지 못한다. 사랑은 말과 혀로는 검증되지 않는다. 성서적 사랑은 오직 '행함과 진실함'으로 검증된다. '행함과 진실함'이 따르지 않는 신앙고백은 그것이 아름다우면 아름다울수록 오히려 더 위선으로 보인다.

확신과 불신

남을 사랑함으로 우리는 우리가 하나님께 속해 있다는 사실을 확신하게 된다. 남을 사랑해보지 못한 신자는 하나님을 머리로만 알 뿐 가슴으로는 모르는 사람이다. "이로써 우리가 진리에 속한 줄을 알고"는 18절에 연결된다. 여기서 '이로써'는 18절의 '행함과 진실함으로 하는 사랑'을 가리킨다. 동사 '알고'는 인식적인 지식보다는 경험적 지식을 표현하는 용어이다. "우리가 진리에 속했다"에 해당하는 헬라어 원문을 문자적으로 번역하면 "우리가 진리로부터 나왔으며"이다. '부터'에 해당하는 전치사 '에크'는 '우리'의 영성의 출처를 밝혀준다. 그 출처는 '진리'이다. '진리' 앞에 쓰인 정관사는 이 '진리'가 예수 그리스도를 통하여 나타난 하나님 자신임을 보여준다. '진리로부터'라는 표현은 요한의 글 중에서 요한복음 18장 37절, 요한일서 2장 21절과 이곳의 세 군데에서 발견된다. 행함과 진실함으로 남을 사랑해본 신자는 바로 그 사랑의 경험으로 인하여 자기 자신이 진리, 즉 하나님께 속해 있다는 사실을 확신하게 된다.

테레사 수녀의 삶이 아름다운 것은 그녀에게 남을 사랑하는 삶이 있기 때문이다. 그녀의 삶엔 거부할 수 없는 단단한 힘이 있다. 우리는 그녀가 하나님과 매우 친밀한 관계에 있었음을 부인할 수 없다. 그녀의 이웃을 향한 사랑의 크기가 곧 그녀의 하나님을 향한 사랑의 크기였다고 말한다 하여도 누가 반박할 수 있겠는가. 그녀의 눈빛과 걸음걸이는 고령에도 불구하고 누구보다도 확신에 차 있었다. 그 확신 뒤엔 오직 '행함과 진실함'으로 평생 남을 사랑하며 섬긴 그녀의 삶이 빛나고 있다.

작은 일이라도 실제로 남을 사랑하는 사람에겐 하나님이 확신을 준다. 한 달에 한 번씩 천사원에 가서 지체부자유자들을 돕는 김 아무개 집사는 그들을 위하여 기도할 때 본인이 하나님과 교통한다고 느낀다. 어려운 사업에도 불구하고 매달 일정액을 정하여 은밀하게 어려운 학생을 돕는 최 아무개 장로는 그 일을 하면서 그 일을 가능하게 한 하나님께 감사한다. 틈 날 때마다 양로원을 방문하며 노인들의 말벗이 되며 목욕을 돕는 박 아무개 집사도 자기가 오히려 하나님의 은혜를 받는다고 고백한다. 하나님께 많이 순종하는 신자일수록 더 큰 확신 속에 산다. 많이 순종하고 많이 사랑하는 신자는 자기가 '진리에 속한 것'7)을 경험적으로 확신하며 산다. 이와 같은 확신은 지식이 아니라 경험에서 온다. 말로만 남을 사랑하는 신자에게는 이러한 확신이 없다.

그러므로 말과 혀로만 사랑하지 않고 행함과 진실함으로 남을 사랑하는 신자는 혹 마음에 의심이 생겨도 주님 앞에서 마음을 굳세게 할 필요가 있다.8) 그가 진리, 즉 하나님께 속하지 않았다면 남을 사랑하는 삶을 살 수 없겠기 때문이다. 그러나 하나님의 뜻대로 사는데도 불구하고 마음에 책망이 일어나는 경우가 있다. '행함과 진실함'으로 살면서도 스스로를 정죄하게 되는 경우가 있다. 인간의 마음에서는 왜 이러한 일이 일어날까? 스스로를 정죄하는 마음에는 자기 자신을 돌아보게 하는 순기능도 있지만 오히려 하나님과의 관계를 해치게 되는 역기능도 있다. 인간의 마음은 복잡하여서 특별한 관리가 필요하다. 20절에서 요한은 신실한 신자의 마음에 일어나는 죄책의 문제를 다루고 있다.

불완전한 마음

문법적으로 19절과 20절은 함께 다루어져야 한다. 이 구절은 문법적으로 난해 구절에 속한다. 텍스트의 본문비평에도 문제가 있지만,9) 보다 중요한 것은 19절의 '페이쏘멘'과 20절의 '호티'를 어떻게 해석하느냐이다.

인간의 마음엔 자신이 잘못할 때 스스로를 고소하고 책망하는 기능이 있다. 이러한 인간의 마음은 불신자의 경우 자신의 잘못을 깨닫

게도 하고 뉘우치게도 한다. 신자의 경우엔 자신의 잘못을 깨닫고 회
개하게 한다. 이러한 마음의 기능은 매우 중요하다. 문제는 사람마다
마음 씀씀이가 다르다는 데 있다. 어떤 사람은 말 한 마디만 크게 하
고도 혹 남에게 상처가 되지 않았을까 크게 상심하지만, 어떤 사람은
사람을 죽이고도 괴로워하지 않는다. 요한은 본문에서 스스로를 정
죄하며 괴로워하는 신실한 신자의 마음에 대하여 다루고 있다. 본문
에서 요한이 소개하는 이 사람은 18절, 19절에 소개된 대로 행함과
진실함으로 남을 사랑하는 훌륭한 사람이다. 그러나 그는 자기 자신
을 정죄하고 있다. 신실하게 사는 사람이 왜 스스로를 정죄하게 되는
가. 신실하기 때문이다. 하나님과 가깝기 때문이다. 하나님을 모르는
사람이라면 스스로를 정죄하지도 않는다. 오히려 악한 일을 하고도
마음이 편할 수 있다. 사람이 누군가를 사랑하면 상대방의 반응에 대
하여 민감해지고 혹 내가 그 사람에게 소홀히 한 것은 없나 예민해지
는 것처럼, 하나님과 친밀한 관계에 있는 사람은 옳은 일을 하면서도
혹 부족한 것이 없나 하여 스스로를 자책하게 된다. 하나님의 완전한
표준에 다다를 수 없기 때문이다. 그러나 지나치면 문제다. 최선을
다하는 삶을 살면서도 늘 죄책감에 빠져있다면 심각한 문제가 아닐
수 없다. 스스로를 비판하는 인간의 마음에는 건설적인 면만 있는 것
이 아니라 파괴적인 면도 있다.

　마음의 고소는 참된 고소가 될 수도 있고, 마귀의 고소가 될 수도
있다. 그렇다면 어떤 고소가 참된 고소이며, 어떤 고소가 마귀의 고
소10)인가? 구별하기가 쉽지 않다. 그러나 그 결과를 보아서 알 수
있다. 고소로 인하여 자신의 부족을 깨닫고 하나님께 회개하고 말씀

에 더욱 순종하는 삶을 산다면 이는 깨달음을 위한 참된 고소요, 자책감에 빠져 스스로 비탄하며 하나님과 멀어진다면 마귀로부터 온 고소이다.

마음을 굳세게

마음의 정죄는 약이 될 수도 있고 독이 될 수도 있다. 요한은 여기서 '마음의 정죄'가 독이 되지 않도록 해독제를 제공하고 있다. 요한은 우리의 마음에 부정적 파괴적 기능도 있다는 사실이 부인되거나 간과되거나 은폐 축소되기를 바라지 않는다. 오히려 '마음의 정죄'가 주는 폐해로부터 신자를 보호하고자 해결책을 제시한다. 해결책은 무엇인가? 요한은 우리가 믿는 하나님은 '우리의 마음보다 크시고 모든 것을 아시는' 분이기에 우리의 마음보다 우리의 상태를 더 잘 알고 계시다는 사실을 상기한다. 하나님은 우리의 영적인 상태가 어떠한지 어느 정도의 상태에 도달하였는지 우리 자신보다 더 깊이 아신다. 우리 각자의 강점이 어디 있으며 약점이 어디 있는지 무엇이 문제이고 해결책은 무엇인지 우리 자신보다도 더 자세하게 아신다. 그러므로 마음에 정죄가 일어날 때는 마음 가는 대로 스스로를 맡기지 말고 하나님께 모든 것을 자백하여야 한다. 우리의 부족은 우리보다 하나님이 더 잘 아신다. 그러나 하나님이 완전을 조건으로 우리를 인정하는 것이 아니다. 네 살짜리 아이가 과자 한 조각을 친구에게 주는 모습을 보며 대견해 하는 부모처럼, 어설프지만 남을 돕는 신자를 하나님은 대견해 한다. 우리가 '행함과 진실함으로(18절)' 형제를 사랑할 때, 그것을 보고 하나님은 우리가 하나님께 속하였다는 것을 인정한다. 그러므로 심한 자책감에 빠질 이유가 없다. 오히려 요한의 권고처럼 '우리 마음을 주 앞에서 굳세게(19절)'해야 할 것이다. 진정한 사랑의 실천은 신자의 신분을 보증한다.

위장된 세계

모든 사람들은 정도의 차이는 있지만 위장하며 산다. 슬퍼도 기쁜 것처럼, 싫어도 좋은 것처럼, 괴로워도 편안한 것처럼 산다. 지식인일수록, 신앙인일수록 뛰어난 위장술을 발휘한다. 이 위장술이 긍정적으로 발휘될 때 그는 교양 있는 사람이라고 여겨진다. 그러나 부정적으로 발휘될 때 그는 위선자가 된다. 이러한 위장술 덕분에 타인의 내면세계를 엿본다는 것은 쉽지 않다. 대부분의 사람들은 타인의 내면에 어떤 일이 일어나고 있는지 모른다. 다른 사람들도 내 속에서 어떤 일이 일어나고 있는지 감지하지 못한다. 그러나 본인은 안다. 본인만큼 본인의 문제를 잘 아는 사람은 없다. 본인의 문제를 제일 먼저 감지하는 것은 본인의 마음이다.

주일 날 교회에 오는 신자들은 모두 은혜로워 보인다. 그러나 모든 신자들의 가슴이 감사로 벅찬 것은 아니다. 개중에는 화가 나 있는 사람들도 있고 마음이 언짢은 사람들도 있다. 그렇지만 대부분의 신자들은 최소한 교회에서만큼은 찡그린 표정을 짓지 않으려 노력한다. 부부간에 다툼이 있었어도 교회에서만큼은 내색하지 않으려고 애쓴다. 따라서 실제와는 달리 그들의 모습은 거룩하고 은혜로워 보인다. 이와 같이 교회에는 위장된 미소와 위장된 교양으로 애써 속마음을 감추는 신자들이 상당수 있다. 그러므로 상대방의 영적인 실상을 정확하게 간파한다는 것은 거의 불가능하다. 그럼에도 불구하고 위장된 미소와 위장된 신앙의 실상을 가장 잘 아는 사람이 있다. 본인 자신이다. 예배 시간에 성경을 펼 때, 성경을 펴보는 것이 지난주 예배 시간 이후 오늘이 처음이라는 사실은 본인만 안다. 기도 시간에 기도할 때, 지난주 예배 시간 이후 일 주일 만에 처음으로 기도한다는 사실은 아는 것은 본인뿐이다. 남들은 모른다. 이때 자기 자신의 실상을 깨닫고 마음의 가책을 느낀다. 이와 같은 상황을 요한은 "우리 마음이 혹 우리를 책망할 일이 있거든"(3:20)이라고 표현하였다.

스스로를 책망하는 신자

'책망하다'는 단어는 갈라디아서 2장 11절을 제외하고는 신약에서 여기에만 나온다. 이 단어는 1)고소하다, 2)유죄를 선언하다, 3)형을 선고하다 등의 뜻을 갖고 있다. 영어 성경에는 일반적으로 '정죄하다'로 번역되어 있다.

우리는 때때로 마음의 재판에 시달린다. 도와주어야 할 형제를 돕지 못했을 때, 도울 수 있었는데도 외면했을 때, 더 도와줄 수 있었는데 적당히 도와준 경우 등이다. 남들은 모른다. 그러나 우리의 마음은 우리가 늘 최선을 다하지 못하고 사는 사실을 잘 안다. 사랑해야 하는 사람을 외면하고 모른 척한 것도 남들은 모르지만 우리의 마음은 안다. 우리의 내면세계는 어느 누구보다도 우리의 마음이 가장 잘 안다. 우리의 마음이 우리를 고소하거나, 유죄를 선언하고, 형을 선

고하게 될 때, 우리의 마음은 무서운 재판관이 되고 우리는 비참한
피고로 재판정에 서게 된다.

민감한 영혼

자신의 속모습과 겉모습 사이에 간격이 발견될 때, 속모습이 겉모
습보다 빈약하다고 느낄 때, 신자에겐 스스로를 책망하는 마음이 생
긴다. 찬송을 부르는 순간에도 어떤 신자는 아무런 느낌 없이 건성으
로 부르는 자기 자신을 발견하곤 당혹해 하며, 자기 자신이 영적으로
전혀 준비되어 있지 않다는 사실에 마음이 찔린다. 성가대에서 찬양
을 하면서도 아름다운 성가곡과는 어울리지 않게 마음에 기쁨이 없어
고민하는 신자도 있다. 이와 같이 겉보기는 은혜롭지만 실제로는 스
스로를 책망하는 마음을 갖고 있는 신자들이 상당수 있다. 이때 경험
하는 것이 '마음으로부터의 책망'이다. 이때 느끼는 '마음의 책망'은
반드시 부정적인 것만은 아니다. '마음의 책망'이 긍정적으로 작용하
면 하나님과의 관계를 개선하는 촉매제 역할을 한다.

그러므로 마음으로 자기 자신을 책망하는 것 자체가 나쁜 것은 아
니다. 오히려 하나님을 깊이 사랑하는 사람일수록 더 자기 자신을 책
망하게 된다. 이러한 사람에겐 영적 민감성이 있기 때문이다. 영적으
로 아주 민감한 사람은 지극히 작은 일에도 잘못된 것을 느낀다. 사랑
이 깊으면 깊을수록 상대방에 대하여 민감해지는 것처럼, 하나님과
친밀할수록 하나님과 관계된 모든 일에 민감해진다.

마음보다 크신 하나님

그렇다면 신자들은 이와 같이 상반된 마음의 활동에 대하여 어떻게 대응할 것인가. 요한은 이에 대한 답을 20절 하반절에서 밝히고 있다. 우리를 가장 잘 아는 것은 우리 자신이다. 그러나 마음의 진단은 부분적으로만 옳을 뿐, 전적으로 옳지는 않다. 우리의 마음은 불완전하여서 우리 자신에 대하여 진단하기는 하지만 때때로 오진하여 사탄에게 이용당할 수도 있다. 그러므로 우리가 먼저 깨달아야 할 것은 우리의 마음이 불완전하다는 사실이다. 다음으로 우리는 우리 자신을 우리의 마음보다 더 잘 아는 분이 계시다는 것을 알아야 한다. 그분은 다름아닌 하나님이시다. 요한은 이 사실을 "우리 마음보다 크시고 모든 것을 아시는 하나님"이라고 표현하였다.

그러므로 우리는 우리의 잘못을 스스로 재판하지 말고 우리의 마음보다 크시고 모든 것을 아시는 하나님께 맡겨야 한다. 우리의 마음은 불완전하여서 자신의 잘못에 대하여 지나치게 혹독할 수도 혹은 지나치게 관대할 수도 있는 반면, 하나님의 기준은 언제나 변함없이 일정하다. 똑같은 일을 가지고도 어떤 사람은 인생을 포기할 정도로 자책감에 시달리는가 하면 어떤 사람은 전혀 괴로워하지 않는다. 우리의 마음은 불완전하여서 우리를 판단할 수 있는 절대적 기준이 될 수 없다. 최종적인 판단은 오직 하나님께 맡겨야 한다. 스스로 자기 자신을 판단하여 죄책감에 시달리는 사람은 겸손한 사람이라기보다는 하나님보다 자기의 자존심을 앞세우는 불신앙의 사람이다. 우리는 마음의 책망이 있을 때 마음에게서 그 재판권을 빼앗아 하나님께 드려야 한다.

구원받은 성도라 할지라도 자기 마음으로부터 오는 자책을 면할 길은 없다. 때때로 예배시간에, 혹은 성경공부 시간에, 또는 운전하다가 스스로 자책한다. "이렇게 살아서는 안 되는데……." 겉보기엔 그럴듯한 신자일지 모르지만 자기가 엉망인 것을 발견하곤 당황하고 자책하게 된다. 그러나 이때 놀라거나 당황하며 자신의 모습을 숨길 필요는 없다. 숨기려고 노력하면 레미제라블의 장발장과 같은 괴로움에 빠지게 되고 사탄의 공격에 자신을 노출시키게 되고 위선자의 삶을 자초하게 된다. 이 때 자기 자신을 공격하는 마음의 자책에 빠지지 말고 기억할 사실이 있다. 나 자신의 모습을 나보다 잘 아는 분이 계시다는 사실이다. 그 분은 다름아닌 하나님이다. 숨긴다고 숨겨질 것도 아니고 외면한다고 외면되는 것도 아니다. 드러난 나의 모습인 바에야 있는 모습 그대로 하나님 앞에 서야 한다.

우리의 마음은 늘 더 주님과 닮기를 소원한다. 그러나 우리는 늘 불완전하다. 그렇지만 우리의 현재의 모습과 주님의 모습 사이에 아무리 큰 차이가 있다 하더라도 그것이 우리를 정죄하는 도구가 될 수는 없다. 주님의 모습과 우리의 모습 사이에 있는 간격이 크다고 낙심할 것이 아니라 오히려 기도하는 삶으로 성장을 향한 소원을 충족시켜야 할 것이다. 그러므로 우리가 우리의 부족을 발견하게 될 때, 스스로 정죄하며 자기 연민에 빠지기보다는, 하나님 앞에 마음을 열어 놓고 자신의 부족을 고백하며 담대히 구할 바를 구해야 할 것이다. 어떤 사람들은 자신의 잘못에 대하여 너무 비판적이고 비관적이어서 오랜 세월 비관적 삶을 살아가는 사람이 있다. 하나님의 뜻이 아니다. 흔히 자존심이 강한 사람에게서 발견되는 현상이다. 그러나 자녀라면 아버지를 두려워할 이유가 없다. 하나님 앞에 담대하게 나갈 필요가 있다.

어떤 학자들은 우리의 마음보다 크시고 모든 것을 아시는 하나님의 속성을 부정적인 측면에서 해석한다. "우리의 마음이 그 정도로 우리를 책망한다면, 우리의 죄를 우리보다 더 잘 아시는 하나님은 얼마나 더 무섭게 책망하실까?"

그러나 그와 같은 해석은 본문의 전체적인 흐름(Context)과 조화되지 않는다. 본문에서 요한의 가장 중요한 목적은 심한 자책감으로 상처받은 신자들의 마음을 치유하고 위로하는 데 있다.11)

신자의 기도

마음의 정죄를 이겨낸 신자는 영적으로 평안하다. 거리낌없이 자유롭고 편안한 마음으로 하나님을 대할 수 있다. '자기의 마음' 앞에서도 벌벌 떨던 신자가 이젠 감히 '하나님 앞에서' 담대함을 얻게 된다(3:21). 얼마나 놀라운 변화인가. 그러나 더욱 가치 있고 신바람 나는 변화는 우리가 담대히 '하나님 앞에' 나갈 수 있을 뿐 아니라, '무엇이든지 구하는 바를' '그로부터' 받을 수 있게 되었다는 사실이다. 이제까지는 "나 같은 사람이 어떻게 감히 하나님 앞에 설 수 있을까? 과연 하나님께서 받아 주실까?"라고 묻는 것이 주요 관심사였다면 이제는 믿음으로 구한 것을 '그로부터' 받는 기도의 응답이 주요 관심사이다.

"무엇이든지 구하는 바를 그에게서 받나니"12)에 쓰인 두 개의 동사 '구하는'과 '받나니'는 모두 현재 시제를 사용하고 있다. 언제나 늘 구하면 그때마다 늘 받는 것이 기도의 관행임을 보여준다. 신자는 늘 구해야 한다. 구했으면 받을 줄 믿어야 한다.

그러나 모든 기도가 다 응답되는 것은 아니다. 22절 하반절은 응답 받는 기도의 조건을 "우리가 그의 계명을 지키고 그 앞에서 기뻐하시는 것을 행함"이라고 밝힌다. 모든 계명에는 하나님의 의지가 들어있다. 그러므로 계명을 지킨다는 행위는 곧 하나님의 의지를 나의 의지로 만들어 실천한다는 것을 의미한다. 이러한 기도는 백 프로 응답 받는다. 하나님의 뜻이 이루어지기를 원하는 이러한 기도의 전형은 주기도문이다. 예수는 "뜻이 하늘에서 이룬 것같이 땅에서도 이루어지이다"13)라고 기도의 본을 보였고, 십자가 처형에 임박하여 곧 죽게 되었을 때도 "그러나 내 원대로 마옵시고 아버지의 원대로 되기를 원하나이다"14)라고 간청하였다. 기도의 내용이 하나님의 뜻에 어긋나지 않는 그런 기도를 드릴 수는 없을까. 그런 기도를 올리는 신자는 성숙한 그리스도인이다.

그리스도인의 계명

하나님의 자녀가 되기 위하여 지켜야 될 많은 법들이 있다. 이러한 법들을 가리켜 계명이라 한다. 유대인들은 하나님의 자녀가 되기 위해서는 613개의 계명을 지켜야 한다고 가르친다. 이들 중에 '하지 말라'는 법이 365개이고 '하라'는 법이 248개이다. 기독교인이 되기 위해서도 지켜야 할 계명들이 있다. 하나님을 안다고 말하면서 그의 계명을 지키지 않는 사람은 거짓말하는 사람이요 진리가 그 속에 없다고 요한은 단언한다.15) 23절은 기독교인으로서 지켜야 될 모든 계명들을 단 한 절의 말씀에 요약한 핵심 구절이다. 이 한 절의 말씀에 요한은 기독교 신앙의 핵심을 압축하였다. 또한 이 구절은 요한일서 전체를 대표하는 요절이다.

이 구절에 밝혀진 계명의 핵심은 여기에 사용된 '믿다'와 '사랑하다'의 두 개의 동사로 대표된다. 헬라어 원문을 살펴보면, 이 두 개의 동사엔 각각 다른 시제가 사용되었다. 첫번째 동사 '믿고'에는 에오리스트 시제가 사용되었다. 에오리스트 시제는 과거 특정 시점에 일어난 특정한 사건을 가리킨다. 두 번째 동사 '사랑할 것이니라'에는 현재 시제가 사용되었다. 이와 같은 사실이 의미하는 바는 다음과 같다. 과거 특정 시점에 우리는 예수 그리스도를 믿어(에오리스트 시제) 신자가 되었다. 그러나 신자는 늘 이웃을 사랑하며(현재 시제) 살도록 부름받았다.

'예수 그리스도에 대한 믿음'과 '이웃에 대한 사랑'은 동전의 양면과 같아서 뗄래야 뗄 수 없는 관계이다. 믿음 없는 사랑이 있을 수 없으며, 사랑 없는 믿음이 있을 수 없다. 예수 그리스도를 믿는 사람이 어떻게 이웃을 사랑하지 않을 수 있으며, 믿음 없이 어떻게 이웃을 사랑할 수 있겠는가. 우리는 믿음을 통하여 하나님을 알지만 이웃은 우리의 사랑을 통하여 하나님을 안다.

주님과 거하는 삶

누가 참 그리스도인인가. 계명을 지키는 그리스도인이다. 그리스도인의 계명은 무엇인가. 믿으며 사랑하는 것, 이 두 가지가 그리스도인이 지켜야 할 계명 중의 계명이다. 그러므로 진정한 그리스도인은 예수님이 하나님의 아들이시며 우리를 대신하여 죽으신 분인 것을 믿으며, 이웃을 끊임없이 사랑하는 사람이다.

이와 같은 계명을 지킬 때 우리는 주 안에 거하게 된다. 계명을 지킨다는 것은 나의 의지를 주님의 의지로 바꾼다는 것을 의미한다. 그렇게 함으로써 우리는 주님의 의지에 순종하게 되고 결과적으로 주 안에 거하게 된다. 이렇게 순종하는 신자는 역으로 주님이 우리 안에 거하는 것을 경험하게 되며, 바울은 이러한 상태를 "그런즉 이제는 내가 산 것이 아니요 곧 그리스도 예수께서 내 안에 사신 것"이라고 표현하였다. 우리가 주 안에 거하고 주가 우리 안에 거하는16) 상태는 하나님과 신자 사이의 친밀도를 가장 극명하게 표현한다. 서로가 서로 안에 거한다는 상호 거주의 표현법은 요한일서 중 여기서 처음 사용되었으며 후에 4장 12절에서 16절까지의 단락에서 보다 깊게 표현되어 나타난다. 우리가 주 안에 주가 우리 안에 거한다는 사실은 성령으로 말미암아 알게 된다고 요한은 말한다. 요한은 그의 수신자들이 이미 그들 안에 내재하시는 성령님의 존재에 대하여 잘 알고 있는 것을 전제하고 있다. 그 분은 누구든지 우리가 처음 예수님을 영접할 때 선물로 받는 분이기 때문이다.

제10장

영을 시험하라

(요일 4:1-6)

영의 세계를 무시하는 사람은 회의주의자나 무신론자가 되기 쉽다. 반면 초자연적인 것을 무조건 받아들이는 사람은 미신에 빠지기 쉽다. 영의 세계에 대한 접근은 상당히 신중해야 한다. 그리스도인은 영적 세계의 현상에 대하여 어떻게 대처할 것인가.1) 요한은 영을 다 믿지 말고 검증하라고 명령한다. 왜 검증이 필요하며 또 어떻게 검증할 것인가.

전체적 조망

4장 1절에서 3절까지의 단락이 하나님의 영과 적그리스도의 영의 차이점을 밝힌다면, 4절에서 6절까지의 단락은 하나님께 속한 사람과 세상에 속한 사람을 대조하여 설명한다. 첫 번째 단락이 영의 소속에 대하여 설명한다면, 두 번째 단락은 사람의 소속에 대하여 설명한다. 두 번째 단락의 '너희'(4절), '저희'(5절), '우리'(6절)의 인칭대명사 사용에 유의하라. 사도적 공동체 '우리'는 이교적 공동체 '저희'의 정체를 드러내며, 믿음의 공동체 '너희'는 '저희'의 '미혹의 영'에 현혹되지 말고 '진리의 영'에 순종할 것을 가르친다.2)

꼭 필요한 예비조사

런던에 가려면 런던행 비행기를 타야 한다. 런던을 향한 열망이 강하다 할지라도 뉴욕행 비행기에 탑승해서는 런던으로 갈 수 없다. 최선을 다하여 하나님께 가려고 노력했지만 엉뚱한 곳에 도착해 있는 신자들이 있다. 믿음의 비행기에 탑승하기 전, 그 비행기가 어디로 가는 비행기인지 확인하지 않았기 때문이다.

요한은 3장 24절에서 성령의 역할에 대하여 설명한 후, 바로 다음 구절인 4장 1절에서 영을 다 믿지 말라고 경고한다. 성숙하지 못한 그리스도인은 영적인 것이라면 무엇이건 받아들이려는 경향이 있다. 초자연적인 것이라고 모두 하나님께 그 기원을 두고 있는 것은 아니다. 영의 세계에 나타나는 초자연적 현상만 보고 무조건 신적 권위를 부여한다면 큰 영적 혼란에 빠질 것이다. 초자연적인 것과 하나님을 동일시하는 것만큼 위험한 일이 없다. 요한은 "영을 다 믿지 말고 오직 영들이 하나님께 속하였나 시험하라"고 명령한다. '영을 다 믿지 말고'의 '믿다'라는 동사의 시제가 현재인 것을 감안할 때, 당시 초대 교인들은 영감이 주어졌다고 느끼면 잘못된 가르침이라도 무비판적으로 받아들이려는 경향이 있었음을 알 수 있다. 이처럼 위험한 일이 없다. 믿기 전에 확인이 필요하다.

영이라고 다 똑같은 영이 아니다. 하나님께 속한 영이 있는가 하면 하나님께 속하지 않은 영이 있다. 요한은 영의 정체를 소속에 따라 '하나님의 영' 또는 '적그리스도의 영'으로(2,3절), 장소에 따라 '너희 안에 계신 이' 또는 '세상에 있는 이(4절)'로, 성격에 따라 '진리의 영' 또는 '미혹의 영'(6절)으로 규정한다.

한두 명이 아니고 많은 거짓 선지자가 세상에 나왔다는 요한의 보고는, 이 문제가 이미 전염병처럼 널리 퍼져 심각한 사태에 도달한 것을 보여준다. 요한은 3장부터 사랑에 대하여 논의하였다. 그런데 갑자기 주제와는 동떨어진 거짓 선지자의 문제를 다루는 이유는 무엇인가. 더구나 4장 7절부터 다시 사랑에 대한 논의를 계속할 바에야 왜 굳이 중간을 자르고 사랑과는 거리가 먼 적그리스도에 대한 논의를 하는지 그 이유가 궁금하다.

요한은 이 문제를 해결하지 않고는 더 이상 사랑의 논의를 계속할 수 없다고 생각했을 것이다. 하던 일을 중단하지 않으면 안 될 무슨 긴급한 문제가 생긴 것이다. 이것은 마치 경기 도중 경기장 내에 경기를 속행할 수 없는 사태가 발생하여 경기를 잠시 중단시키고 그 문제부터 처리하고 다시 경기를 속행하고자 호루라기를 부는 심판의 '타임아웃'과 같다고 볼 수 있다. 경기를 계속하지 못 할 사태가 발생한 것이다. 요한은 이 문제부터 처리하고 다시 사랑에 대한 그의 논의를 계속해야 한다고 느꼈을 것이다. 그것은 '거짓 선지자'의 문제였다.

거짓 선지자에 대한 성경의 증거

어떻게 거짓 선지자를 분별할 수 있을까. 본문 이외에서는 이 문제를 어떻게 해결하였는지 살펴보자. 신명기에 거짓 선지자와 관련된 기사가 있다. 여기에는 거짓 선지자를 판별하는 두 가지 기준이 제시되어 있다.

첫째로, 그가 한 말이 이루어지지 않는 경우이다. "만일 선지자가 있어서 여호와의 이름으로 말한 일에 증험도 없고 성취함도 없으면 이는 여호와의 말씀하신 것이 아니요 그 선지자가 방자히 한 말이니 너는 그를 두려워 말지니라"(신 18:22).

둘째로, 선지자나 꿈꾸는 자가 이적과 기사를 보여준다 할지라도 그것을 빙자하여 여호와 하나님 외에 다른 신을 섬기자고 백성들을 선동하는 경우이다. 그런 자는 죽이라고 명령하였다(신 13:1-5).

예레미야는 그가 한 말의 진원지를 살펴서 선지자의 진위를 가렸다. 그의 말이 하나님으로부터 나왔으면 그는 하나님의 선지자이다. 그러나 자기 마음에서 나온 말로 예언하는 사람은 거짓 선지자이다. 예레미야의 주장을 들어보자.

"너희에게 예언하는 선지자들의 말을 듣지 말라 그들은 너희에게 헛된 것을 가르치나니 그들의 말한 묵시는 자기 마음으로 말미암은 것이요 여호와의 입에서 나온 것이 아니니라"(렘23:16).3)

예수는 그가 아무리 종교적으로 보인다 할지라도, 심지어 그가 주의 이름으로 귀신을 쫓으며 권능을 행하는 사람이라 할지라도, 검증이 필요하다고 가르쳤다. 예수가 가르친 검증의 방법은 열매를 보아서 그 나무가 어떤 나무인지 결정하라는 것이었다.

"거짓 선지자들을 삼가라 양의 옷을 입고 너희에게 나아오나 속에는 노략질하는 이리라 그의 열매로 그들을 알지니 가시나무에서 포도를, 또는 엉경퀴에서 무화과를 따겠느냐—이러므로 그의 열매로 그들을 알리라."4)

영적 현상에 유혹되지 말라

성령과 마귀의 영을 구분하기가 쉽지 않은 까닭은 둘 다 사람을 통하여 역사하기 때문이다. 마귀가 마귀의 복장을 하고 있다면 구별하기 쉬울 것이다. 그가 뿔 달린 도깨비로 나타난다면 쉽게 정체를 식별할 수 있을 것이다. 그러나 그렇지 않다는 데 문제가 있다. 그는 양의 옷을 입고 위장하며5) 주의 이름으로 귀신을 쫓아내고, 주의 이름으로 권능을 행한다.6) 그러므로 단지 종교적으로 보인다든지, 성경을 많이 인용한다는 이유로, 혹은 귀신을 쫓아낸다는 이유로 따른다면 크게 실수할 수 있다. 다음의 예수의 경고는 거짓 선지자들이 얼마나 위장의 천재인가를 보여준다.

"주의 이름으로 선지자 노릇하며 주의 이름으로 귀신을 쫓아내며 주의 이름으로 많은 권능을 행치 아니 하였나이까 하리니 그 때에 내가 저희에게 밝히 말하되 내가 너희를 도무지 알지 못하니 불법을 행하는 자들아 내게서 떠나가라 하리라"(마 7:22-23). 그들은 하나님의 선지자들이 하는 일을 흉내낸다. 그러나 그들에 대한 주님의 판단은 엄정하고 단호하다.

판별 기준

본문에서 요한이 문제를 삼은 내용은 예수 그리스도의 성육신에 관한 교리이다. 예수 그리스도께서 육체로 오신 분인지 아닌지가 주요 쟁점이었다. 당시 영지주의자들은 예수가 육체로 이 세상에 왔다는 사실을 부인하였다. 물질은 악하고 영은 선하다는 이원론적 세계관을 가진 그들로서는 선한 영이 악한 육체에 머무른다는 생각을 용납할 수 없었다. 그들은 예수 그리스도는 육체를 갖고 있지 않았으나 단지 육체를 지닌 인간의 모습으로 보였을 뿐이었다고 주장하였다. 거룩하신 하나님이 악하고 더러운 육체 안에 머물렀다는 생각이 그들에겐 불가능하였다. 이러한 주장을 가리켜, 예수 그리스도에겐 실상 육체가 없었으며 단지 현상적으로만 육체를 가진 것으로 보였다는 뜻에서 '가현설(Docetism)'이라고 한다. 당시 유행하였던 또 하나의 주장은, 본래 예수님은 평범한 인간이었으나 요단강에서 세례를 받을 때 하나님의 영이 그에게 내려와 그리스도가 되었으며, 하나님의 영이 떠나자 다시 인간 예수만이 십자가에 남아 죽었다는 세린투스의 주장(Cerinthianism)이다.

이와 같은 가르침은 나사렛 예수가 그리스도요 곧 하나님의 아들이라는 기독교의 기본 진리를 전면 부정하는 것이며, "주는 그리스도시요 살아 계신 하나님의 아들이니이다"라는 베드로의 신앙 고백을 불가능하게 만든다. 영지주의자들을 염두에 둔 요한은 '예수 그리스도께서 육체로 오신 것을 시인하는 영마다 하나님께 속한 것'이라고 가르친다. 여기서 '시인한다'라는 말은 '똑같이 말한다'는 뜻을 갖고 있다.7) 예수 그리스도께서 육체로 오신 것에 대하여 하나님이 예수를 통하여 보여준 내용과 똑같이 알고 그 사실을 자신의 진리로 받아들이는 영은 하나님께 속하였다. 이에 대하여 다른 의견을 가진 사람은 하나님께 속한 사람이 아니다. 예수 그리스도는 육체로 오셨다.

육체 안에 오신 것이 아니다.

여기서 시인한다는 것은 단지 예수의 신성을 인정하는 것 이상이다. 예수가 그리스도이며 육체로 오신 하나님이라는 사실을 받아들이는 신앙 고백의 행위이다. 사탄도 예수님의 신성은 인정하였다. 그러나 예수를 그리스도로 받아들이지 않았다. 오히려 예수의 영을 시험하였다. 그러므로 하나님이나 예수의 영성을 인정하는 것만을 보고 그가 하나님께 속한 것으로 판단한다면 실수할 가능성이 크다. 대부분의 적그리스도는 천사의 모습으로 오기 때문이다. 사탄은 예수님의 영성을 인정하면서도 예수를 광야에서 시험하였다. 누가 적그리스도의 영을 소유한 사람인가. 예수의 영성을 인정하면서도 그가 하나님의 아들임을 부인하는 사람, 그가 적그리스도의 영을 소유한 사람이다.

성령의 역할

적그리스도의 영을 지닌 사람의 주된 임무가 예수를 시험하는 것이라면, 성령의 역할은 하나님의 아들에게 존귀와 영광을 돌리는 일이다. 예수와 성령과의 관계에서 성령의 역할은 무엇인지 알아보자. 성령의 중요한 역할은 첫째로, 예수를 증거하는 일이다. 이에 대하여 예수는 이렇게 가르친다. "내가 아버지께로서 너희에게 보낼 보혜사 곧 아버지께로서 나오시는 진리의 성령이 오실 때에 그가 나를 증거하실 것이요."8)

둘째로, 성령은 그리스도 예수의 의지와 상반된 증언을 하지 않으며 그리스도의 영광만 드러내신다. 이에 대하여 예수 자신이 다음과 같이 증언한다. "그러하나 진리의 성령이 오시면 그가 너희를 모든 진리 가운데로 인도하시리니 그가 자의로 말하지 않고 오직 듣는 것을 말하시며 장래 일을 너희에게 알리시리라 그가 내 영광을 나타내리니 내 것을 가지고 너희에게 알리시겠음이니라."9)

셋째로, 성령은 예수를 주로 고백하게 한다. 사도 바울에 의하면, 성령이 아니고는 누구든지 예수를 주시라고 고백할 수 없다. "그러므로 내가 너희에게 알게 하노니 하나님의 영으로 말하는 자는 누구든지 예수를 저주할 자라 하지 않고 또 성령으로 하지 아니하고는 누구든지 예수를 주시라 할 수 없느니라"(고전 12:3).

이와 같은 맥락에서 볼 때 예수와 성령은 긴밀한 관계를 갖고 있어서 양자는 서로 뗄래야 뗄 수 없는 관계에 있다. 요한은 3절에서 "예수를 시인하지 아니하는 영마다 하나님께 속한 것이 아니니 이것이 곧 적그리스도의 영이라"라고 가르친다.

우리와 너희 그리고 저희

1절에서 3절까지의 단락이 신인동성이신 예수 그리스도를 시인하느냐의 여부로 영의 정체를 밝히고자 하는 노력이었다면, 4절에서 6절까지의 단락은 이러한 검증 기준이 사람들에게 어떻게 받아들여지느냐를 설명하여 준다. 영적인 소속에 따라 '우리', '너희', '저희'로 분류된 인칭대명사의 사용에 유의하라. '우리'는 요한을 포함한 사도적 공동체를, '너희'는 요한의 수신자들인 신자공동체를, '저희'는 거짓 스승들과 그의 추종자들을 가리킨다. 분류의 기준은 그들이 과연 누구의 말을 듣느냐이다. 세상의 말을 듣는 사람들은 세상에 속한 사람이다.

그러나 하나님께 속한 사람은 사도적 공동체인 '우리'의 말을 듣는다. 하나님과 친밀한 교제를 누리고 있는 '우리'의 말을 듣는 사람은 하나님께 속한 사람이요, 듣지 않는 사람은 세상에 속한 사람이다. 예수는 이와 같은 영적 원리를 목자와 양의 비유를 들어 설명하였다. "양은 그의 음성을 듣나니 — 그의 음성을 아는 고로 따라 오되 — 타인의 음성은 알지 못하는 고로 타인을 따르지 아니하고 도리어 도망하느니라."10)

세상을 이기는 신자

요한의 편지의 수신자들은 거짓 스승들보다 철학적 논쟁에 열등하였다. 그러나 요한은 그들이 오히려 거짓 스승들을 이겼다고 증언한다. 영지주의자들은 철학적 지식에 뛰어난 사람들이다. 그럼에도 불구하고 이겼다는 것은 놀라운 일이다. 어떻게 그러한 일이 가능하였을까. 4절에서 요한은 "너희 안에 계신 이가 세상에 있는 이보다 크시기" 때문이라고 그 이유를 설명한다. 철학적 빈곤에도 불구하고 그들은 성령에 의지하여 거짓 선생들에게 설복당하기를 거부하였다. 그들 안에 내재하는 성령에 의지할 때 그들은 이길 수 있었다. 누구나 거듭난 그리스도인이라면 "거룩하신 자에게서 기름 부음을 받고 모든 것을 아는"11) 능력을 갖고 있다. 그런 이유 때문에 요한의 초대교회 그리스도인들을 유혹하려던 거짓 스승들과 그들의 추종자들은 결국 교회를 떠나지 않을 수 없었다.12)

영을 분별하는 능력

영이 영을 알아본다. 성령과 적그리스도의 영을 구별하기 위하여 신학교 교육이 필요한 것은 아니다. 누구든 예수 그리스도를 구주로 영접하여 성령을 받은 사람은 성령과 적그리스도의 영을 구별하는 능력을 갖고 있다. 이는 마치 나침반이 자성을 갖고 있어 자기 스스로 방향을 가리키는 능력을 내장하고 있는 것과 같다. 신자 안에 내재하는 성령은 성령과 적그리스도의 영을 구별케 한다. 거듭난 신자는 누구나 영을 검증할 수 있는 능력을 소유하고 있다.

복음의 변질

영지주의자들은 복음을 당시의 세속 철학과 조화시키려 노력하였다. 영은 선하고 육체는 악하다는 당시의 이원론적 세속 철학과 복음의 합일을 시도한 영지주의자들의 노력은 철학적으로 상당한 성과가 있었다. 그러나 이러한 노력은 결과적으로 복음의 변질을 가져왔다. 결국 그들은 하나님께 속한 말을 포기하고 세상에 속한 말을 하게 되었다. 이와 같은 현상을 요한은 5절에서 "저희는 세상에 속한 고로 세상에 속한 말을 하매 세상이 저희 말을 듣느니라"라고 설명한다. 시대마다 형태만 달랐을 뿐 복음과 세속 철학을 접합시키려는 노력은 요한 이후 지금까지도 계속되어 왔다. 그러나 세상과 우호적 관계를 유지하기 위하여 복음을 변질시킨다면 이보다 위험한 일은 없을 것이다.

예수와의 관계

예수님과 올바른 관계를 맺는 사람은 하나님과도 올바른 관계를 맺는다. 그러나 예수와 잘못된 관계를 맺는 사람은 하나님과도 잘못된 관계를 맺을 수밖에 없다. 이것이 요한의 결론이다. 그리스도인과 예수의 관계는 그리스도인과 하나님과의 관계를 점검하는 시금석이다. 육체로 오신 예수야말로 기독교 신앙의 기초이기 때문이다.

제11장

서로 사랑하라

(요일 4:7-21)

전기는 눈에 보이지 않지만 기계를 움직이게 한다. 하나님은 눈에 보이지 않지만 사람을 살아 움직이게 한다. 아무리 좋은 기계라도 전기가 들어오지 않으면 무용지물이 되고 마는 것처럼, 하나님이 없는 삶엔 생명이 없다. 반면에 하나님을 받아들인 사람마다 생명 있는 삶을 산다. 이런 삶을 거듭난 삶, 혹은 중생한 삶이라고 부른다.

중생한 신자의 삶은 그렇지 못한 사람의 삶과는 질적으로 다르다. 그의 삶은 기쁨으로 가득 차 있다. 어디에 원인이 있을까? 사랑받고 사랑하는 삶을 살기 때문이다. 하나님을 아는 사람마다 사랑하며 산다. 하나님이 사랑이기 때문이다. 사랑하는 사람은 아름답다. 그리스도인의 정체는 무엇인가? 한 마디로 요약하면 하나님을 사랑하고 이웃을 사랑하는 사람이 그리스도인이다. 혹 눈에 보이는 형제도 사랑하지 못하면서 하나님을 사랑한다는 그리스도인이 있다면 그는 거짓말쟁이이다.[1] 요한은 4장 7절에서 21절까지의 말씀을 통하여 그리스도인이라면 반드시 지켜야 할 계명, 이웃 사랑에 대하여 증거한다. "사랑하는 자들아 우리가 서로 사랑하자."[2]

안 보이는 하나님

택시를 타고 시내 모 교회 앞을 지나게 되었다. 마침 예배가 끝난 교회 앞은 수많은 인파와 차량으로 복잡하였다. 최근 건실하게 부흥하고 있는 그 교회가 부럽기도 하고 자랑스럽기도 하였다. 그러나 택시 기사의 반응은 의외였다. 그는 "요즘 돈 버는 곳은 교회밖에 없구먼" 하고 내뱉듯 한 마디 던졌다. 큰 교회당과 수많은 교인들이 그에겐 사업이 잘되는 무슨 기업체같이 보였던 것이다. 아름답고 웅장한 교회의 모습에서 그는 하나님을 보지 못하고, 잘 나가는 기업체의 모습을 보고 있었다. 한국 강산에 세워진 수많은 교회와 기도원도, 이곳에서 행해지는 수많은 새벽기도, 철야기도, 산기도, 금식기도, 부흥회 등도 이 운전기사에게 하나님을 보여주진 못할 것이다. 골치 아픈 교통 공해 또는 소음 공해 정도로 보일 것이다.

주일 아침예배, 주일 저녁예배, 수요예배, 찬양예배, 헌신예배 등도 이 운전기사에게 하나님을 보여주지 못할 것이다. 그렇다면 무엇으로 그에게 하나님을 보여줄 수 있을까. 사랑이다. 만일 그가 누군가 한 사람, 혹은 두세 사람의 그리스도인으로부터 흠뻑 사랑을 받는다면 하나님을 알게 될 것이다. 교회당이 부족한 것이 아니라 사랑이 부족한 것이다. "아저씨, 저도 교회에 다녀요. 이렇게 어려운 도로 여건에서 시민들을 위하여 수고하시는 아저씨가 고맙습니다. 아저씨 덕분에 잘 왔습니다."라고 인사하고 택시에서 내리는 한쪽 마음이 쓰렸다.

보이는 사랑

그리스도인이 하나님을 이웃에게 알리는 가장 강력한 방법은 이웃을 사랑하는 일이다. 그리스도인의 예배, 기도, 성경공부 등은 이웃에게 해석되지 아니한 하나의 막연한 종교적 암호에 불과하다. 그것을 보고 하나님을 안다는 것은 불가능하다. 그러므로 열심히 나 혼자 기도하기보다는 이웃에게 사랑을 보이는 것이 무엇보다 중요하다. 이웃에 무관심하며 기도에만 열심을 내는 그리스도인은 오히려 위선자로 보일 것이다.

사랑하기까지 자라라

신자가 되려면 하나님에 의하여 다시 태어나는 경험이 있어야 된다. 이를 가리켜 '중생' 혹은 '거듭남'이라 부른다. 이 경험은 기독교인이 갖는 경험 중 가장 중요한 경험이다. 이 경험이 없이는 그리스도인이 될 수 없기 때문이다. 거듭나는 것은 모방으로 되지 않는다. 학습으로, 훈련으로 되는 것도 아니다. 제자는 훈련으로 만들어진다. 그러나 신자는 태어난다.

처음 거듭난 신자는 아직 하나님을 잘 모른다. 이는 마치 갓 태어난 아기가 부모님을 알아보지 못하는 것과 같다. 그러나 아무도 염려하지 않는다. 차차 부모님을 알아보게 될 것이기 때문이다. 그는 자라면서 단순히 부모님의 얼굴만 알아볼 뿐 아니라, 부모님의 성품까지도 알게 된다. 어떤 일을 하여야 부모님이 기뻐할 것이라는 것까지 알게 된다. 그는 부모님을 깊이 사랑하기까지 성장할 것이다. 뿐만 아니라 옆에 있는 형제·자매를 알아보고 그들까지 사랑하는 성숙한 사람이 될 것이다. 영의 원리도 마찬가지다. 갓 태어난 신자는 아직 하나님을 잘 모른다. 그러나 신앙이 자라면서 하나님이 어떤 분인지 알게 된다. 그리고 그분을 깊이 사랑하기까지 믿음이 성장한다. 뿐만 아니라 장성한 후에는 옆에 있는 믿음의 형제들까지 깊이 사랑하게 된다.

열매를 보아서 나무를 안다.

7절과 8절에 이어지는 요한의 논의는 논리적 순서로 볼 때 글을 거꾸로 쓴 느낌이 든다. 1)하나님께로 난 사람은 2)하나님을 알고 3)하나님과 형제, 자매를 사랑하는 단계까지 성장하는 것이 순서일 것이다. 그러나 요한은 "3)사랑하는 자마다 1)하나님께로 나서 2)하나님을 안다"고 증거한다. 왜 이렇게 말하였을까? 무슨 말을 하고 싶은 것일까? 이 편지가 믿는 사람들을 대상으로 쓰였다는 것을 유의해보면 해답이 나올 듯하다. 형제를 사랑하지 않는 사람은 그의 출생을 의심해볼 필요가 있다는 말이다. 형제, 자매를 사랑하지 못하는 그가 과연 진정한 그리스도인일 수 있을까? 사과나무를 심어 키우면 사과가 열린다. 그러나 역으로 말하여 사과가 열리지 않으면 과연 사과나무를 심기는 심은 것인지, 혹 다른 나무를 심은 것은 아닌지 의심해볼 필요가 있다는 말이다. 그러므로 요한의 논의는 다음과 같이 정리할 수 있다.

1) 하나님께로 나서,

2) 하나님을 아는 사람은,

3) 당연히 서로 사랑한다.

그러므로 서로 사랑하는 사람이야말로 하나님께로 나서 하나님을 아는 사람이다. 그러나 서로 사랑하지 않는 사람은 그가 과연 하나님에게서 낳았는지, 하나님을 알고 있는 사람인지 그 근본부터 의심스럽다고 볼 수 있다. 8절 하반절에서 "사랑하지 아니하는 자는 하나님을 알지 못한다"고 단단히 못을 박는 요한의 결연한 태도는 '사랑'이 얼마나 중요한 그리스도인의 상징 마크인지를 보여준다.

아버지 닮은 자녀

강아지는 개를 닮았고, 망아지는 말을 닮았다. 강아지가 말을 닮고, 망아지가 개를 닮는 법이 없다. 아버지를 닮는 것, 그것은 하나님이 세우신 자연의 법칙이다. 하나님께로 난 자는 당연히 하나님을 닮는다. 하나님은 영이시기에 모양이 없다. 그러므로 하나님을 닮는다는 것과 사람의 외모와는 아무 상관관계가 없다. 미남 미녀 중에 마귀를 닮은 사람이 있을 수도 있고, 추남, 추녀 중에 하나님을 닮은 사람이 있을 수 있는 이유가 여기에 있다.

그렇다면 어떤 사람이 하나님을 닮은 사람일까? '서로 사랑하는 사람'이다. 추남과 추녀라도 서로 사랑하는 사람은 하나님을 닮은 사람이요, 미남·미녀라도 서로 사랑하지 않는 사람은 하나님을 모르는 사람이다. 왜 그러한가? 하나님은 사랑이시기 때문이다. 아버지가 사랑이시라면 그의 자녀도 사랑이어야 한다.

속에 있는 것은 겉으로 드러나기 마련이다. 안에 분노가 있다면 화를 낼 것이고, 안에 미움이 있다면 질투할 것이다. 그러나 안에 사랑이 있다면 사랑할 것이다. 요한은 하나님은 사랑이라고 증거한다. 하나님의 자녀들은 서로 사랑해야 마땅하다.

흉내낼 수 없는 사랑

그렇다면 '서로 사랑하는 사람'은 누구이건 다 하나님에게서 낳았고 하나님을 아는 사람인가? 요한의 논의에 의하면 그렇다. 그렇다면 비 기독교인으로서 서로 사랑하는 사람이 있다면 그들도 하나님을 아는 사람인가? 아니다. 비기독교인은 요한이 말하는 '하나님의 사랑'을 모르기 때문이다. 요한은 9절, 10절에서 이 사랑이 어떤 사랑인지 설명한다. 이 사랑은 "하나님이 자기의 독생자를 세상에 보낸" 사랑이다. 그리스도인이 경험하는 '서로 사랑'은 하나님으로부터의 '위로 사랑'을 경험한 사람만이 할 수 있는 사랑이다.

"하나님이 이같이 우리를 사랑하셨은즉 우리도 서로 사랑하는 것이 마땅하다"는 11절의 논의가 이를 증명한다. 신자가 경험하는 하나님과 신자 사이의 수직적 사랑의 관계는 형제 사이의 수평적 사랑의 관계로 경험된다. 비기독교인이 이러한 사랑을 흉내낸다는 것은 불가능하다.

하나님의 사랑은 구체적이고도 역사적인 방법으로 우리 안에 나타났다. 9절의 '우리에게'는 헬라어 원문을 살펴보면 '우리 안에'가 더 정확한 표현이다. 하나님께서 우리 죄를 위하여 독생자로 우리 안에 오신 사건은 인류의 역사를 뒤바꾸는 우주적 사건이었다. 요한은 하나님으로 오신 예수 그리스도의 생애를 기록하며 그 서두에서 이 놀라움을 "말씀이 육신이 되어 우리 가운데 거하시매 우리가 그 영광을 보니 아버지의 독생자의 영광이요 은혜와 진리가 충만하더라"3)라고 표현하였다. 요한과 사도적 공동체가 직접 듣기도 하고, 보기도 하고, 주목하였고, 만졌던 육체를 지니신 하나님(예수 그리스도)에 대한 경험은 너무나 구체적이고도 생생한 역사적 사건이었다. 우리의 죄를 위하여 화목제로 보내져 십자가에 죽기까지 흘리신 피의 목격자 요한이 말하는 사랑은 세상의 그것과는 질적으로 다른 사랑이다. "사랑은 여기 있으니"에서 요한이 말하는 이 사랑은 하나님이 사랑이요, "우리의 죄를 위하여 화목제로 그 아들을 보낸" 거룩한 사랑이다. '위로 사랑'을 경험한 사람이라야 '서로 사랑'을 할 수 있다.

사랑하는 방법

그리스도인은 서로 사랑하는 것이 마땅하다. 그렇다면 어떻게 사랑해야 할 것인가. 11절의 "하나님이 이같이 우리를 사랑하셨은즉"에서 답을 구할 수 있다. 이 구절은 요한복음 3장 16절을 연상시키며, 부사 '이같이'는 10절에서 묘사된 하나님의 희생적 사랑을 가리킨다. 하나님이 우리를 사랑하신 방법이 그 모델이다. 이 거룩한 사랑이 사람과 사람 사이에서 이루어질 땐 하나님의 의를 행하는 사랑으로 나타난다. 그러므로 성서적 사랑이란 '타인과의 관계에서 하나님의 의를 행하는 것'이라고 정의할 수 있으며,4) 하나님의 의를 모르는 사람에겐 진정한 사랑이 불가능하다.5)

사랑의 고기압

바람은 눈에 보이지 않는다. 그러나 기압에 따라 미풍으로, 폭풍으로, 때로는 광풍으로 그 존재를 드러낸다. 하나님은 영이시다. 눈에 보이지 않는다. 그렇다면 하나님은 어떤 방법으로 자신의 모습을 보이실까? 기압에 따라 바람이 그 존재를 드러내듯, 하나님은 사람 사이의 기압 조건에 따라 당신의 모습을 드러낸다.

사람과 사람 사이에 사랑의 고기압이 형성될 때 사람들은 그 가운데 하나님이 계신 것을 인지하게 된다. 반면에 사람과 사람 사이에 미움의 저기압, 질투의 저기압이 형성될 때, 사람들은 그 가운데 마귀가 역사하는 것을 인식하게 된다. 타인과의 관계가 늘 저기압으로 찌푸려 있다면, 우리가 과연 올바른 그리스도인인가 확인해야 한다.

그러나 우리가 서로 사랑한다면 하나님께서 우리 가운데 거하신다. 그뿐 아니라 하나님의 사랑이 우리 안에 온전히 이루어진다고 요한은 증거한다. 과연 하나님의 사랑이 사람들 사이에서 온전히 이루어질 수 있을까. 많은 주석가들은 이 개념을 꺼려하여 그의 사랑(His Love)을 번역할 때, 주격 소유격 '그(하나님)의 사랑(His「God's」[6] Love)'대신 목적격 소유격 '그(하나님)에 대한 (우리의) 사랑(Love for Him(God))'으로 또는 한정적 용법으로 보아서 '거룩한 사랑(Divine Love)'[7]으로 번역한다.

전체적인 문맥에서 볼 때 '하나님의 사랑'으로 번역하는 것이 자연스럽다. 하나님의 사랑은 우리 안에서 서로 사랑할 때 온전해지며, 그때 비로소 하나님의 존재가 사람들 가운데 나타난다. 사랑이신 하나님은 독생자를 화목제로 내어놓기까지 우리를 사랑하셨으며, 우리가 서로 사랑할 때 우리 안에 거하시며, 그의 사랑이 우리 안에서 온전히 이루어진다.

예수를 시인하는 사랑

하나님을 본 사람은 없다. 하나님을 본 적이 있다고 주장하는 사람이 있다면 일단 그의 정직성을 의심해보아야 할 것이다. 그 분은 영이기에 어느 누구의 눈에도 보이지 않는다. 마샬은 요한이 12절 상반절에 "어느 때나 하나님을 본 사람이 없으되"라고 쓴 이유는 당시 영지주의자들의 신비적 체험을 통해서만 하나님을 볼 수 있다는 주장을 염두에 두고 이를 반박하기 위함이라고 주장한다.8) 그러나 요한과 요한의 사도적 공동체는 하나님을 보았을 뿐 아니라 그분에게 직접 듣기도 하고 그분을 손으로 만지기까지 하였다.9) 그들이 만난 하나님, 그분은 다름아닌 하나님의 아들 예수 그리스도이다. 이러한 사실을 요한은 14절에서 "아버지가 아들을 세상의 구주로 보내신 것을 우리가 보았다"10)고 증거한다. 계속하여 15절에서 요한은 "누구든지 예수를 하나님의 아들이라 시인하면 하나님이 저 안에 거하시고 저도 하나님 안에 거하느니라"고 증거한다.

예수님을 모르면 사랑도 몰라

예수님을 시인한다는 말은 하나님의 사랑을 알고 믿는다는 말이요, 예수님을 부인한다는 말은 곧 하나님의 사랑을 모른다는 말이다. 하나님 사랑의 극치인 예수의 십자가를 모르고서야 어떻게 하나님을 안다고 말할 수 있겠는가? 요한은 이 사실을 "하나님이 세상을 이처럼 사랑하사 독생자를 주셨으니 이는 저를 믿는 자마다 멸망치 않고 영생을 얻게 하려 하심이니라 "고 표현하였다.11) 예수님이 우리를 위해 죽으신 사실을 시인하는 사람이라야 하나님의 사랑을 알고 믿는 사람이다. 이런 사람이라야 하나님과 친밀한 교제를 나눌 수 있다. 이런 사실을 요한은 16절 상반절에서 "하나님이 우리를 사랑하시는 사랑을 우리가 알고 믿었노니 하나님은 사랑이시라"라고 설명하였다. 여기서 말하는 "하나님이 우리를 사랑하시는 사랑"은 두말할 나위 없이 아들 예수까지 내어놓은 십자가의 사랑을 가리킨다. 이 구절에 사용된 두 개의 동사 '알고'와 '믿었노니'는 둘 다 완료시제가 사용되었다. 과거의 동작이 현재까지 영향을 끼치는 완료시제의 사용은, 과거 일정 시점에서 갖게 된 하나님의 사랑에 대한 지식이나 믿음이 계속 오늘까지 영향을 미치고 있음을 보여준다.

이 구절을 두고 아는 것이 먼저냐 믿는 것이 먼저냐 논의가 있지만 여기에 큰 의미를 둘 필요는 없다. "알고 믿었노니"의 동사 순서를 그대로 따른다면 아는 것이 먼저고 믿는 것이 나중이다. 알아야 믿을 수 있다는 점에서 합리적인 해석이다. 그러나 알아도 믿지 못하는 경우가 많다. 요한복음 6장 69절에서는 동사의 순서가 이 구절과는 반대로 '믿고 알았다'고 씌어 있다.12) 중요한 것은 동사의 순서가 아니다. 보다 더 중요한 것은 두 동사가 함께 쓰였다는 점이다. 아는 것과 믿는 것 둘은 상호 보완 관계를 이룬다고 볼 수 있다. 알기에 믿고, 믿기에 아는 것이 아닐까?

거하는 사랑

성숙한 그리스도인은 사랑하며 사는 사람이다. 하나님을 사랑하며 사람을 사랑하는 사람, 그가 그리스도인이다. 사람만이 아니라, 하나님만이 아니라, 하나님과 사람을 함께 사랑하는 삶이기에 그의 삶엔 균형이 있다.

사랑에는 상호 거주의 원칙이 있다. 함께 있고픈 게 사랑이기 때문이다. 사랑하는 사람들을 관찰해 보라. 늘 붙어 다닌다. 결국 저녁마다 헤어져야 한다는 사실이 견딜 수 없는 부담으로 다가올 때 사람들은 결혼한다. 사랑하기에 24시간 함께 있고픈 것이다. 그래서 사랑하는 사람은 함께 동거한다. 마찬가지로 하나님을 사랑하는 사람, 그는 당연히 하나님과 동거하게 된다. 이와 같은 사실을 요한은 15절에서 "사랑 안에 거하는 자는 하나님 안에 거하고 하나님도 그 안에 거하느니라"고 설명한다. 사랑하기에 그는 하나님 안에 거하고 하나님은 그 안에 거한다.

주의 어떠하심같이

마지막 심판 날, 이 날은 많은 사람들에게 수치와 공포의 날이 될 것이다. 그러나 서로 사랑하며 산 그리스도인들은 이 날을 기쁨으로 담대하게 맞이할 것이다. 그 이유를 요한은 "주의 어떠하심같이 우리도 세상에서" 그렇게 살았기 때문이라고 증거한다. '주의 어떠하심'은 과연 무엇을 말하는 것일까? 스멀리(Smalley)는 예수님께서 하나님께 보여준 완전한 사랑, 완전한 순종, 완전한 교제를 말한다고 생각한다.[13] 그 분의 삶은 완전한 순종의 삶이었으며, 완전한 사랑의 삶이었다. 4장 7절부터 5장 5절까지의 말씀이 사랑에 대한 주제를 논하고 있다는 문맥적 배경(Context)으로 볼 때, 주님의 사랑하는 삶을 비교의 대상으로 삼았을 가능성이 높다. 예수 자신도 "아버지께서 나를 사랑하신 것같이 나도 너희를 사랑하였으니 나의 사랑 안에 거하라"14)고 명령하였다.

여기 3가지 사랑의 모델이 소개된다. 첫 번째는 아버지가 아들을 사랑한 모델이다. 이 사랑을 본받아 예수님께서는 목숨을 버리면서까지 우리를 사랑하셨으니 이것이 사랑의 두 번째 모델이다. 이 두 번째 모델을 본받아 우리가 해야 할 일이 있으니 이것이 세 번째 모델로 서로 사랑하는 것이다. 하나님의 사랑은 이 세 가지 모델을 통하여 온전히 이루어진다. 사람들은 이 세 가지 사랑의 모델을 통하여 하나님을 알게 된다. 요한은 이 단락에서 특별히 세 번째 사랑의 모델에 대하여 깊이 논의한다. 주님의 어떠하심같이 우리도 세상에서 그러할 때, 다시 말하여 주님이 우리를 그렇게 사랑하신 것처럼 우리가 서로 사랑할 때, 우리는 심판의 날에 담대할 수 있고, 그 날을 두려워하지 않을 것이다. 주님이 사랑하신 것처럼 그렇게 서로 사랑하며 산다면, 우리의 삶은 지상에서 읽히는 천상의 편지가 될 것이요, 하나님을 보여주는 그리스도의 편지가 될 것이다.

결국 우리가 사랑함은 그가 먼저 우리를 사랑하셨기 때문이다.15) 하나님의 아들을 위한 사랑, 아들 예수님의 우리를 위한 사랑, 우리 안의 '서로 사랑', 이 세 가지는 같은 뿌리에서 나온 사랑이다. 이 사랑은 아버지를 모르면 불가능하고, 아들을 모르고선 할 수 없는 사랑이다.16) 우리 안의 사랑도 결국 아버지가 있고 아들이 있어야 가능한 사랑이다.

제12장

가벼운 삶

(요일 5:1-5)

믿음의 내용

"예수께서 그리스도이심을 믿는 자마다 하나님께로서 난 자(5:1)"
라는 요한의 말은 그리스도인의 믿음의 내용과 결과에 대하여 설명한
다. 요한은 예수의 생애를 직접 경험한 사람이다. 왜 요한은 그를 보
기도 하고 듣기도 하고 만져보았다는 사실을 강조하는 것일까? 그가
만났던 예수가 그리스도였기 때문이다. 그 분을 직접 보고, 그 분에
게서 직접 듣고 그 분을 직접 만졌다는 사실이 감격스러웠기 때문이
다. 기독교인이 가져야 할 믿음의 핵심은 무엇일까? 예수가 그리스도
라는 사실을 믿는 것이다. 당시 영지주의자들은 예수의 인성을 부인
하였다. 거룩한 하나님께서 더러운 육체 안에 머무를 수 없으며, 예
수가 실제로는 육체를 지니지 않았고, 단지 육체를 지닌 것처럼 보였
을 뿐이라고 주장하였다. 눈으로 보는 것은 가상의 모습이었을 뿐이
라고 하여 이 주장을 가현설(도케티즘)이라고 한다.

영지주의자들은 예수 없이도 하나님께 가는 길이 있다고 가르쳤
다. 요한이 예수의 아들되심을 계속 강조하는 것은 그와 같은 위험성

을 막기 위함이었다. 요한은 계속해서 예수야말로 진정 하나님의 아들이며, 아들을 부인하는 자에게는 아버지가 없고, 아들을 시인하는 자에게라야 아버지가 있다고 증거한다. 예수께서 그리스도라고 고백하는 사람은 예수의 사람됨과 하나님됨을 모두 받아들이는 사람이다.

믿음의 결과

예수가 그리스도이심을 믿으면 어떤 결과를 얻게 되는가. 그런 사람마다 '하나님께로서 난 자'가 된다. 예수는 니고데모에게 "사람이 거듭나지 아니하면 하나님 나라를 볼 수 없느니라"고 하였다. 그렇다면 어떻게 거듭나는가? 믿음으로 거듭난다. 예수는 니고데모에게, "하나님이 세상을 이처럼 사랑하사 독생자를 주셨으니 이는 저를 믿는 자마다 영생을 얻게 하려 하심이니라"고 가르쳤다. 왜 하나님을 아는 니고데모가 거듭나지 못했을까? 아버지만 알고 아들을 몰랐기 때문이다. 왜 예수님을 만난 니고데모가 거듭나지 못했을까? 예수만 알고 그리스도를 몰랐기 때문이다. 자기가 만난 예수가 그리스도인 것을 믿게 되었을 때 그는 비로소 거듭나게 되었다.

예수가 그리스도이심을 믿는 사람은 '하나님께로서 난 자'라고 요한은 말한다. 요한은 이 사실을 그의 복음서 서두에서 이렇게 요약하였다. "영접하는 자 곧 그 이름을 믿는 자들에게는 하나님의 자녀가 되는 권세를 주셨으니 이는 혈통으로나 육정으로나 사람의 뜻으로 나지 아니하고 오직 하나님께로서 난 자들이니라." 구원은 당시 영적 귀족주의를 지향하던 영지주의자들의 것이 아니었다. 예수를 그리스도로 믿는 모든 사람의 것이었다. 누가 하나님께로서 난 사람인가. 예수를 그리스도로 믿는 모든 사람이다. 그들의 소속은 하나님이다.

아버지의 소망

아버지가 자식들에게 가장 바라는 것은 그들이 서로 의좋게 지내는 것이다. 열 자식이 잘 살아도 한 자식이 못 살면 마음 아픈 것이 부모의 마음이다. 그러므로 아버지를 진정 생각하는 자식들이라면 서로 의좋게 지내는 것이 당연하다. 형제간에 서로 불화하는 것만큼 아버지의 마음을 아프게 하는 것이 없다. 형제끼리 서로 싸우면서 효도한다고 하는 것은 거짓말이다.

형제를 얼마나 사랑하는가는, 곧 하나님을 얼마나 사랑하느냐를 가장 잘 보여주는 척도이다. 요한은 이 사실을 요한일서에서 계속 강조한다. 5장 1절 하반절의 "내신 이를 사랑하는 자마다 그에게서 난 자를 사랑하느니라"는 요한의 증거도 같은 내용이다. 단지 아버지를 '내신 이'라고 표현함으로써 신자의 출생을 강조하였다. 모든 신자들은 똑같은 아버지에게서 태어났다. 하나님의 자녀인 그리스도인은 당연히 아버지 되신 하나님을 사랑할 뿐 아니라 그에게서 난 형제들을 사랑해야 한다. 그리스도인이라면 형제들을 사랑하는 행위를 통하여 자기의 출신이 하나님으로부터임을 입증해야 한다.

더불어 살며 사랑하며

요한은 이때까지 형제를 얼마나 사랑하는가가 곧 하나님을 얼마나 사랑하느냐를 보여주는 척도라고 가르쳤다. 그러나 여기서는 반대로 "하나님을 사랑하고 그의 계명들을 지킬 때에 이로써 우리가 하나님의 자녀 사랑하는 줄을 아느니라"고 증거한다. 이때까지의 논조를 따른다면 이 구절은 "우리가 하나님의 자녀를 사랑할 때에, 우리가 그의 계명들을 지키며 하나님을 사랑하는 줄을 아느니라"로 고쳐 쓸 수 있을 것이다. 요한이 서로 상반된 견해를 보이고 있는 것일까? 아니다. 오히려 하나님을 사랑하는 것과 형제를 사랑하는 것은 그리스도인에겐 떼어내려야 떼어낼 수 없는 동전의 양면과 같은 것임을 나타낸다고 볼 수 있다. 하나님을 사랑하는 사람이 형제를 미워할 수 없고 형제를 미워하는 사람이 하나님을 사랑할 수 없기 때문이다. 계명을 지키면 형제 사랑은 당연히 이루어질 것이다.

무거운 삶과 가벼운 삶

하나님의 율법을 열심히 공부하고 지킨다고 하나님의 자녀가 되는 것은 아니다. 율법을 지키는 것으로 자격의 문제는 해결되지 않는다. 이는 마치 거지가 왕자의 법을 지킨다고 하여도 왕자가 될 수 없는 것과 같다. 왕자가 되려면 왕의 아들로 태어나야 된다. 일단 왕자로 태어나면 왕자의 법을 지키는 것이 고통이라기보다는 오히려 특권이 된다. 그러나 하나님은 우리에게 사랑을 베푸사 우리를 하나님의 자녀로 삼아주셨다. 그 사실을 요한은 요한일서 3장 1절에서 "보라 아버지께서 어떠한 사랑을 우리에게 주사 하나님의 자녀라 일컬음을 얻게 하셨는고"라고 노래하였다. 하나님의 자녀가 되려면 하나님의 자녀로 태어나야 한다. 거지가 왕자의 법을 지키기 힘드나 왕자에겐 오히려 왕자의 법을 지키는 것이 자기만의 특권이요 명예인 것처럼, 하나님의 자녀에겐 하나님의 계명이 부담이 되기보다는 오히려 자신의 신분을 드러내는 특권이요 명예가 된다. 기쁨으로 순종하니 가벼운 법일 수밖에 없다. 왕자에게 왕자의 법을 지킬 수 있는 능력이 있는 것처럼 신자에겐 하나님의 계명을 지킬 수 있는 능력이 있다. 하나님께선 하나님께로서 난 모든 신자들에게 계명을 지킬 수 있는 능력을 주셨다. 모든 신자는 형제를 사랑하는 능력을 갖고 태어난다. 그의 태생의 비밀이 하나님의 사랑이기 때문이다. 요한은 이 사실을 "우리가 사랑함은 그가 먼저 우리를 사랑하셨음이라"고 말한다. 그러므로 요한은 "그의 계명들은 무거운 것이 아니로다"라고 말한다. 그런 의미에서 예수는 "내 멍에는 쉽고 내 짐은 가벼움이라"고 말하였다.

이기는 삶

하나님으로부터 난 사람은 세상을 이긴다. "대저 하나님께로 난 자마다 세상을 이기느니라"라고 선포하는 요한의 말을 살펴보면, '이기느니라'에서 현재 시제를 사용하고 있다. 요한의 현재 시제 사용은 세상과의 싸움에서 이기는 경험이 지속적으로 계속됨을 가르치고 있다. 신자는 세상과의 싸움에서 늘 이기고 언제나 이긴다. "하나님께로 난 자마다"의 헬라어 원문의 과거수동분사 사용은 '이기는 능력'이 신자 안에 머무르는 새로운 생명 때문에 그 결과로 주어졌다는 사실을 보여준다. 수동태의 사용은 이 '세상을 이기는 능력'이 신자 자신이 아닌 새로운 생명을 허락하신 하나님께 있음을 보여준다. 신자가 이기는 것은 자기 자신의 능력 때문이 아니라 하나님이 주신 능력 때문이다. '대저 하나님께로 난 자마다의' '마다'에서 중성 대명사를 사용한 것은 본문의 강조의 초점이 '이기는 사람'보다는 '이기는 능력'에 있음을 보여준다.

앞에서 '이기느니라'라고 현재 시제를 사용한 요한은 '세상을 이긴 이김'을 말하면서 과거 분사를 사용하였다. 한글 개역에 '이김'이라고 번역된 '비케'는 신약 성경 가운데 이곳에서만 유일하게 사용되었으며, 일반적으로 '승리'로 번역된다. 그러나 동 시대의 다른 헬라어 문헌에는 많이 쓰인 단어이다. 왜 신자는 늘 이기고 언제나 이기는가? 과거에 있었던 승리 때문이다. 그리스도인이 현재 경험하는 승리는 새로운 것이 아니다. 이미 과거에 경험한 승리이다. 그렇다면 여기서 말하는 과거의 승리는 어떤 승리를 말하는가?1) 그리스도께서 사역과 십자가를 통하여 사탄과 세상을 단번에 이기신 승리를 가리킨다. 신자는 단지 그의 승리를 함께 누릴 뿐이다. 어떻게 그의 승리를 누리는가. 믿음으로 누린다. 그러므로 요한은 이렇게 증거한다. "세상을 이긴 이김은 이것이니 우리의 믿음이니라." 예수 그리스도가 이미 사탄을 굴복시킨 것을 믿는 사람은 그 승리도 함께 나누게 된다. 하나님의 자녀가 된 신자가 그리스도에게 패배한 사탄과 세상의 세력을 왜 두려워하겠는가.

궁극적으로 누가 세상을 이기는가? 특별한 영적 지식을 소유한 소수 엘리트가 아니다. 예수를 하나님의 아들로 믿는 사람이 세상을 이긴다. 요한은 이 사실을 이렇게 노래한다. "예수께서 하나님의 아들이심을 믿는 자가 아니면 세상을 이기는 자가 누구뇨." 많은 사람들은 무거운 인생을 산다. 자기 힘으로 무엇을 해보려고 노력하나 순간 순간 좌절한다. 율법으로 선을 이루려는 종교인도 마찬가지이다. 그들에겐 종교가 오히려 또 하나의 무게로 인생을 짓누를 뿐이다. 그러나 하나님께로 난 사람들은 가벼운 인생을 산다. 사랑의 동기로 지키는 그들의 계명은 전혀 무겁지 않다. 하나님께로 나서 형제를 사랑하며 세상을 이기는 믿음을 구사하며 사는 사람, 그의 삶엔 그리스도의 능력이 나타난다.

제13장

예수는 그리스도다

(요한일서 5:6-12)

5장 6절에서 12절까지의 단락은 예수가 그리스도라는 사실에 대하여 증거한다. 이 단락에서 요한은 '증거'라는 말을 명사와 동사 합하여 모두 9번 사용한다. 예수가 그리스도라는 사실은 물이 증거하고, 피가 증거하고, 성령이 증거한다. 생소한 표현으로 들릴지 모르지만 이것이 요한이 사용한 용어들이다. 물은 무엇을 뜻하는지, 피의 증거와 성령의 증거, 더 나아가 하나님의 증거는 무엇을 뜻하는지 살펴보자.

물로 오신 예수1)

요한복음의 독자가 처음 만나는 예수, 그는 세례 요한에게 세례받은 모습으로 등장한다. 여기에 몇 가지 질문이 생긴다. 세례받는 모습말고도 더 인상적인 모습이 많았을 터인데 왜 처음 주인공의 등장을 그렇게 설정했을까? 세례는 죄를 씻기 위한 행위인데 예수님에게도 죄가 있었단 말인가? 만일 예수에게 죄가 없었다면 왜 그는 세례를 받았을까?

세례받는 예수의 모습은 요한에겐 도무지 잊을 수 없었던 인상적인 사건이었다. 예수가 죄를 씻는다는 것은 있을 수 없는 일이었건만, 하나님의 아들임에도 불구하고 세례를 받았기 때문이다. 그러나 그 역설 속에 놀라운 진리가 있었다. 예수의 세례, 그것은 예수 자신의 죄 때문이 아니라 인간의 죄 때문이었다. 그러므로 이 기사에는 예수의 대속적 삶이 극적으로 강조되고 있다. 그런 맥락에서 요한은 세례 받은 예수를 가리켜 '세상 죄 지고 가는 하나님의 어린양'이라고 기록하였다. 비둘기같이 내려와 위에 머물렀던 성령은 예수의 대속적 삶을 인증하는 하나님의 표시(Sign)였다. 이와 같은 성령의 증거를 보고 세례 요한은 예수를 하나님의 아들이라고 증거 하였다.2)

5장 6절의 '물로 임하신 예수'는 예수가 받은 세례를 가리키며, 인간의 죄를 대신 지신 그리스도의 대속을 상징한다. 요한은 예수의 공생애의 시작을 예수의 세례로 기록함으로써 그의 공생애가 인간의 죄를 대속하기 위한 희생적 삶이 될 것을 미리 보여주었다.

피로 오신 예수

십자가는 인간이 만들어낸 형벌 가운데 가장 잔인한 형벌 중의 하나다. 나무에 매달려 뼈가 부서지고 몸이 찢기며 피가 쏟아지는 처절한 고통 속에서 숨이 멈춰지기까지 기다리는 이 형벌은, 너무나 잔혹하여 아무리 중죄인일지라도 로마 시민권자에겐 금하였던 당대 최악의 형벌이었다. 예수가 이 십자가에 달렸다. 그리고 고통 속에 피 흘리며 죽었다. 그러나 그에겐 아무런 죄가 없었다. 본문 6절에서 말하는 '피'는 인간의 죄를 대속하기 위하여 십자가에 대신 치르신 예수의 죽음을 가리킨다.

물만이냐 피도냐

6절 하반절에서 요한은 '물로만 아니요 물과 피로 임하셨고'라고 거듭 강조하여 예수의 '피'의 중요성을 다시 한 번 강조한다.3) 이와 같은 요한의 '물과 피로 임하신 예수'에 대한 논의는 영지주의적 가르침에 현혹된 거짓 선생들의 잘못된 가르침을 경계하기 위함이었다. 당시 크게 보아 두 가지 종류의 영지주의가 유행하였다. 첫째는 쎄린투스(Cerinthus)의 주장이다. 그에 의하면 예수는 요셉과 마리아 사이에서 사람으로 태어났으나, 세례 요한으로부터 세례를 받는 순간 더 높은 영역의 영을 받음으로 그리스도가 되었다. 그러나 십자가에 못박혀 죽기 전 그리스도는 예수를 떠났다. 따라서 십자가에 죽은 것은 그리스도가 아니라 인간 예수일 뿐이다. 두 번째는 가현설(Docetism)이다. 그리스도께서 인간의 몸을 입지 않았으나 인간의 몸을 입은 것처럼 보였다는 주장이다. 십자가 위에서도 그리스도는 고통받는 것처럼 보였을 뿐 실제로는 아무런 고통도 받지 않았다는 주장이다. 양태는 다르지만 두 견해 모두 거룩한 하나님과 육체적 인간이 하나일 수 없다는 이원론적 사고에 그 근거를 두고 있다. 그들은 고통받는 신의 모습을 받아들일 수 없었다. 따라서 물로 오신 예수는 받아들일 수 있었으나 피로 오신 예수는 인정할 수 없었다. 그들의 주장에 따르면 십자가는 인류를 구원하기 위한 그리스도의 대속적 죽음이 아니라, 단지 거룩하게 살려 했던 한 사람의 실패의 상징일 뿐이다. 이와 같은 영지주의자들의 주장은 십자가에서 피흘리신 예수야말로 하나님께서 보내신 그리스도라는 복음의 핵심을 정면으로 부인한다. 그래서 요한은 물과 피를 함께 강조한다. 세례받으신 예수나 십자가에 피흘리신 예수가 동일한 분이며 하나님의 아들임을 거듭 강조한다. 예수가 그리스도인 것은 물만 아니라 피도 증거한다.

해석의 차이

예수와 그리스도의 관계에 대한 요한과 세린투스의 관점을 간단히 요약해 보자. 세린투스도 예수의 세례와 십자가가 실제로 있었던 사건이라는 것은 인정한다. 단지 다르게 해석할 뿐이다. 예수는 평범한 사람이었으나 세례받을 때에 특별한 영을 받아서 그리스도가 되었다는 것이 세린투스를 따르는 영지주의자들의 주장이라면, 예수는 이미 세례받기 전부터 그리스도였다는 것이 요한의 가르침이다. 도표로 요약하면 다음과 같다.

시 간	세린투스의 주장	요한의 주장
세례받기 전	평범한 사람	그리스도
세례받은 후	그리스도	그리스도
십자가에 죽기 전	그리스도	그리스도
십자가에 죽을 때	평범한 사람	그리스도

세 가지 증거

예수가 그리스도였다는 사실은 물과 피로 상징되는 그의 대속적

생애가 증거한다. 그는 그리스도이기에 죄가 없음에도 불구하고 세례를 받았고, 그리스도이기에 죄가 없음에도 불구하고 십자가에서 피흘려 죽었다. 그러므로 그가 그리스도인 것은 첫째, 물세례가 증거하고, 둘째, 십자가의 피가 증거한다. 요한은 여기에 세 번째로 성령의 증거를 첨가하여 "증거 하는 이가 셋이니 성령과 물과 피라"라고 8절에서 가르친다. 예수 자신도 "성령이 오실 때에 그가 나를 증거 하실 것이요 너희도 처음부터 나와 함께 있었으므로 증거 하느니라"4)고 말하였다. 요한과 초대 교회 사도들은 예수의 물과 피에 대한 목격자들이었다. 그런 의미에서 예수는 "너희도 처음부터 나와 함께 있었으므로 증거하느니라"5)고 말한다. 그러나 무엇보다도 중요한 것은 성령을 증인으로 세웠다는 것이다. 요한은 본문에서 성령을 증인으로 세움으로서 영지주의자들과의 논쟁에 마지막 쐐기를 박는다. 성령이 증인으로 세워진다면 영지주의자들에게는 이것보다 치명적인 것이 없을 것이기 때문이다. 영의 세계에 대한 그들의 판단 기준이 보다 더 높은 영적 지식에 있다고 할 때, 영의 으뜸이신 성령께서 직접 증거한다면 이에 대항하여 반박할 만한 근거가 허약하기 때문이다. 영지주의자들과 요한의 주장이 어떻게 다른지 도표로 살펴보자.

	영지주의자	요　한
예　　수	물로만 오심	물과 피로 오심
주장의 근거	영지주의 철학	성령의 증거

예수가 그리스도이신 것은 하나님의 영이신 성령 자신의 증거이다. 성령은 진리이다. 진리가 증거한다면 어찌 거역할 수 있겠는가.

요한복음 1장에 기록된 예수의 세례를 자세히 관찰하여 보자.6) 하나
님은 세례 요한에게 명령하기를 "성령이 내려서 누구 위에 머무는 것
을 보거든 그가 곧 성령으로 세례를 주는 이인 줄 알라"고 하였다. 성
령이 내려옴으로 예수께서 그리스도가 된 것이 아니다. 오히려 성령
이 내려오심으로 하나님의 아들이라는 그의 신분이 만방에 선포된 것
이다.

그러므로 요한은 '예수가 그리스도다'라고 "증거하는 이가 셋이니
성령과 물과 피"라고 가르친다. 순서가 '물과 피'에서 '성령과 물과 피'
로 바뀐 것은 순서적으로 볼 때 성령의 증거가 더 중요하기 때문이다.
영지주의자들은 이 세 가지 중에서 '물의 증거'만 인정한다. '피'에 대
하여는 그리스도와는 관계없다 하여 부인하고 '성령'에 대하여는 무
지하다. 그러나 요한에 의하면 성령도, 세례도, 십자가의 피도 다 한
가지로 예수가 그리스도이심을 증거한다. 요한은 "이 셋이 합하여 하
나"라고 말한다. 이 구절을 삼위일체 교리와 연관지어 해석하는 것은
무리이다.7) "이 셋이 합하여 하나이니라"는 구절은 '이 셋이 일치한
다'라는 뜻으로 해석하는 것이 타당하다.8) 예수가 그리스도라는 데
에는 셋의 의견이 똑같이 일치한다.

하나님의 증거

예수의 물과 피의 증거를 경험한 요한의 초대교회 사도공동체는
예수가 그리스도라고 고백하였다. 이들은 초대교회의 역사적 증인들
이다. 이와 같은 사람들의 증거는 신빙성이 있다. 그러나 증거는 여
기서 끝나지 않는다. 요한은 이 증거 외에 한 가지 더 유효한 증거를

소개한다. 곧 하나님의 증거이다. 9절의 "만일 우리가 사람들의 증거를 받을진대 하나님의 증거는 더욱 크도다"라는 요한의 가르침을 살펴 보라. 예수가 그리스도라는 사실은 사람만이 아니라 하나님이 증거한다. 전체적인 문맥으로 볼 때, 여기서 말하는 '하나님의 증거'는 앞 절에서 언급한 '성령의 증거'와 상통한다. 예수께서 세례를 받을 때에 성령의 강림과 성부 하나님의 음성은 둘 다 똑같이 예수께서 하나님의 아들이심을 선포하였다.9) 9절은 6절에서 8절까지의 내용을 신적인 측면에서 다시 강조한 것이다.10) 예수께서 그리스도이신 것은 물과 피가 증거하며, 그뿐 아니라 성령께서 증거 하신다(6-8절). 더구나 하나님이 그의 아들로 증거한다(9절). 예수의 그리스도 되심에 대하여 이 이상 확실한 증거들이 어디 있겠는가.

선택의 결과

예수가 그리스도라는 사실이 철저하게 증거되었다. 이젠 선택만 남았다. 이 증거들을 받아들일 것인가 무시할 것인가. 요한은 10절에서 이 증거를 받아들일 때와 받아들이지 않을 때에 오는 결과에 대하여 기술하였다. 예수에 대한 증거들을 받아들이는 사람은 예수가 하나님의 아들이라는 사실을 믿게 되고, 자기 자신 안에 예수에 대한 증거를 갖게 된다. 따라서 자기 자신이 예수에 대한 증인이 된다. 신자들을 가리켜 그리스도의 증인이라고 부르는 이유가 여기에 있다. 그러므로 요한은 10절 상반절에서 "하나님의 아들을 믿는 자는 자기 안에 증거가 있다"고 말한다.

예수 그리스도에 대한 증거들을 받아들이지 못하는 사람에겐 어떤 일이 생기는가. 하나님과 적대관계에 서게 된다. 왜 예수에 대한 하나님의 증거를 받아들이지 못하는가. 받아들이지 못한다는 것은 하나님을 믿지 못하겠다는 것이고, 결국은 하나님을 거짓말하는 자로 만드는 것이다. 하나님을 거짓말하는 자로 대하는 사람이 하나님으로부터 무슨 좋은 것을 기대할 수 있겠는가. 이런 사람은 하나님과 어떤 친밀한 관계도 기대할 수 없다. 하나님과 좋은 관계를 갖기 원한다면 그 분이 하는 말을 믿어야 할 것이고, 그분의 증거대로 예수를 그리스도로 받아들여야 할 것이다. 예수가 그리스도임을 부인하면서도 하나님과 좋은 관계에 있다는 사람은 거짓말쟁이이다.

생명이 있는 사람과 없는 사람

죽은 것은 추하다. 살아있는 것이 아름답다. 아무리 아름다운 애인이라 할지라도 생명이 떠나버리면 더 이상 아름답지 않다. 나무도, 꽃도, 생명이 있을 때 아름답다. 노인보다 어린이가 더 활발한 것은 어린이에게 더 생명력이 넘치기 때문이다. 예수를 그리스도로 영접한 사람에게는 새로운 생명이 주어진다. 그리스도인이 아름다운 것은 그 안에 하나님의 생명이 있기 때문이다. 하나님의 생명을 인간이 경험할 때, 우리는 그것을 가리켜 영생을 얻었다고 말한다. 영생은 단지 죽은 후에만 경험하는 삶의 피안의 세계가 아니라, 현재부터 영원까지 경험하는 삶의 향연이다. 영생이 아름다운 것은 삶의 길이 때문이 아니라 삶의 질 때문이다. 삶의 길이도 결국은 삶의 질의 일부일 뿐이다. 하나님의 생명은 질적으로 완벽하여 길이에 있어서도 영원하다. 그러므로 영생은 단지 삶의 연장이 아니라 새로운 차원으로의 삶의 질적 변화이다.

어느 그리스도인이 아름다운가. 하나님의 생명이 자기의 삶 가운데 많이 나타나는 사람이다. 그 생명이 나타날 때 사울의 인생은 사라지고 바울의 인생이 나타난다. 그 생명이 나타날 때 주기철과 같은 삶이 손양원과 같은 삶이 나타난다. 우리가 그들에게서 그리스도다운 인격을 보는 것은 그들이 소유한 영이 그리스도의 영이요 그들이 소유한 생명이 그리스도의 생명이기 때문이다.

이러한 경험이 없는 사람은 그리스도를 모르는 사람이다. 예수를 그리스도로 영접할 때 신자에게 주어지는 중요한 증거는 자기 안에 새로운 생명이 있다는 사실이다. 모든 신자는 그리스도 안에 있는 생명이 자기 자신 안에 있다는 것을 경험한다. 그 생명을 소유했기에 그는 그리스도를 본받아 성장하게 된다. 신자가 경험하는 그리스도와 같은 삶, 이 삶을 가리켜 영생이라고 한다.

아들이 있는 자와 없는 자

당시 영지주의자들은 영적인 일에 대한 전문가였다. 하나님은 어떤 분이며, 그리스도는 어떤 분인지 학문적으로 변론하라고 하면 이들 이상의 전문가가 드물었다. 당연히 그들은 자기들이 하는 일에 대한 확신이 있었다. 그러나 그들이 가졌던 결정적 약점은 그들에게 '아들'이 없었다는 것이다. 선과 악의 이원론적 세계관을 갖고 있던 그들은 선의 상징인 하나님이 악의 상징인 육체가 되었다는 성육신 사상을 받아들일 수 없었다. 따라서 그들은 하나님이 보내신 아들을 하나님의 아들로 받아들일 수 없었다.

예수를 하나님의 아들로 받아들이려면 그들의 철학을 포기하여야 하였다. 그들의 눈에 비친 예수는 영적인 능력이 뛰어났던, 그러나 결국은 십자가에 죽은 비극적인 실패자에 불과하였다. 이에 대한 반응으로 요한은 "아들이 있는 자에게는 생명이 있고 아들이 없는 자에게는 생명이 없다"고 단언한다. 오늘날도 마찬가지다. 한국교회를 살펴보라. 이렇게 많은 사람들이 신학을 전공한 적이 없었다. 이렇게 신학박사가 많았던 적도 없었다. 유식한 목사님들, 평신도들, 신학교 교수님들로 한국교회는 신학 지식의 홍수를 이루고 있다.

하나님이나 그리스도에 대한 지식으로 말한다면 오늘날처럼 풍요로운 적이 없었다. 그러나 그들의 가르침을 받아들이기 전에 먼저 점검할 일이 있다. 혹 그들의 가르침이 요한 당시의 영지주의자들을 능가할 정도로 매력적이라 할지라도, 그들에게 아들이 없다면, 그들의 가르침을 거절해야 할 것이다.

요한의 목적

요한은 요한복음을 기록한 목적을 이렇게 밝힌다. "오직 이것들을 기록함은 너희로 예수께서 하나님의 아들 그리스도이심을 믿게 하려 함이요 또 너희로 믿고 그 이름을 힘입어 생명을 얻게 하려 함이니라."11) 요약하면 사람들로 예수께서 그리스도이심을 믿어 영생을 얻게 하려는 목적으로 요한은 그의 복음서를 기록하였다. 그런 면에서 볼 때 본문은 요한복음 전체의 목적과 잘 상응한다.

몰로니(Francis J. Moloney)에 의하면, 요한복음은 예수에 관한 이야기라기보다는 하나님이 예수 안에서 어떤 일을 하였는가에 대한 이야기이다.12) 하나님이 예수 안에 살았기 때문이다. 마찬가지로 신자들의 삶은 그리스도께서 그들 안에서 어떤 일을 하셨는가에 대한 이야기이어야 한다. 예수가 그리스도임을 매 순간 고백할 때 우리는 그러한 삶을 살게 된다. 이렇게 사는 사람은 영생을 누리는 사람이다. "그런즉 이제는 내가 산 것이 아니요 내 안에 그리스도께서 사신 것이라"는 사도 바울의 고백은 그가 영생을 누리며 산다는 신앙의 전형적인 고백이다.

유학 중의 일이다. 주일예배를 드리고 있었는데 성가대에서 찬양을 하였다. 찬양 중에 '예수님은 주님이시다(Jesus is the Lord)'라는 가사를 반복하여 부르는데 마음이 뜨거워지며 눈물이 쏟아졌다. 예수가 나의 주라는 사실 하나만으로도 삶 전체가 너무나도 감사했기 때문이었다. 연약한 유학생이었지만 인생이 그렇게 든든하고 감사할 수 있었던 것은, 예수가 나의 주였기 때문이었다. 연약한 질그릇이라도 보물을 담고 있으면 보물 그릇이 되는 것처럼, 초라한 사람이라 할지라도 예수를 그리스도로 모신 사람은 예수처럼 값진 인생을 산다. 아들이 있는 사람에게는 이런 보물 같은 인생이 있다.

제14장

우리가 아는 것

(요일 5:13-21)

영생을 누리는 삶

예수는 평범했던 요한의 삶을 새롭게 바꾸어 놓았다. 그가 만난 예수가 하나님의 아들이요 그리스도라는 사실만으로도 요한은 평생 감격으로 살기에 충분하였다. 요한은 그 감격을 온 세상 모든 사람들에게 전하고 싶었다. 그의 소망은 오늘날 우리에게 요한복음으로 전해진다. 그는 요한복음 20장 31절에서 요한복음의 집필 목적을 이렇게 밝히고 있다. "이것을 기록함은 너희로 예수께서 하나님의 아들 그리스도이심을 믿게 하려 함이요 또 너희로 믿고 그 이름을 힘입어 생명을 얻게 하려 함이니라." 이와 같이 요한복음이 불신자를 대상으로 쓰였다면, 요한일서는 신자를 대상으로 쓰였다. 요한복음의 독자가 하나님의 아들의 이름을 모르거나 믿지 않는 사람들이라면, 요한일서의 독자는 '하나님의 아들의 이름을 믿는' 사람들이다. 불신자들이 생명을 얻어야 한다면, 신자들은 생명을 누려야 한다.

생명을 얻는 방법을 요한복음에 기록한 요한은, 얻은 생명을 누리는 방법에 대하여 요한일서에 기록하였다. 받은 생명을 누리기 위해서는 하나님의 성품이 어떤 분인지 깨달아 늘 죄를 씻는 깨끗한 삶을 살며(1:5-2:2), 계명을 지키며(2:3-8), 형제를 사랑하며(2:9-11; 3:13-24; 4:7-21), 말씀으로 성장하며(2:12-14), 세상을 사랑하지 말며(2:15-17), 적그리스도를 분별하며(2:18-29), 죄짓지 말며(3:1-12), 거짓선지자를 분별하며(4:1-6), 아들을 믿는(5:1-12) 삶을 살아야 한다.

요한복음이 예수가 어떤 분인가를 객관적으로 소개하는 책이라면, 요한일서는 소개받은 예수와 어떻게 교제하며 사는가를 가르치는 책이다. 요한일서를 마감하면서 5장 13절에서 요한은 요한일서의 집필 목적을 다시 한 번 확실하게 밝힌다. "내가 하나님의 아들의 이름을 믿는 너희에게 이것을 쓴 것은 너희로 하여금 너희에게 영생이 있음을 알게 하려 함이라."

100프로 응답되는 기도

관계가 나쁜 사람은 서로 말이 없다. 그러나 관계가 좋은 사람은 서로 많은 대화를 나눈다. 하나님과 관계가 좋은 사람은 하나님과 많은 대화를 나누게 된다. 마음속 깊은 곳의 비밀까지도 다 털어놓게 된다. 영생을 누리는 신자는 하나님을 어려워하지 않는다. 오히려 어느 누구보다도 그분을 가장 가깝게 생각하여 그분과 많은 대화를 나눈다. 이 대화를 가리켜 '기도'라고 한다.

기도는 나의 의지를 하나님의 의지로 바꾸는 작업이다. 따라서 기도란 하나님을 설득하기보다는 하나님에 의하여 설득당하는 일련의 과정이다. 어떤 사람의 기도가 응답되는가? 하나님에게 설득당한 사람의 기도이다. 이런 사람의 기도는 100프로 응답된다. 15절에 나타난 기도 응답에 대한 요한의 확신을 보라, "우리가 무엇이든지 구하는 바를 들으시는 줄을 안즉 우리가 그에게 구한 그것을 얻은 줄을 또한 아느니라." 요한은 무엇이든지 구하는 바를 100프로 하나님이 들어주신다고 확신하였다.

이러한 요한의 확신은 어디에 그 근거를 두고 있는가? 14절이다. 그는 이 구절에서 "그의 뜻대로 무엇을 구하면 들으심이라"라고 증거한다. 영생을 누리는 진정한 그리스도인은 '나의 뜻'이 아니고 '그의 뜻'을 구한다.

영생에는 하나님의 의지를 내 의지로 바꾸어 사는 삶의 높이가 있다. 그의 궁극적 관심은 하나님의 뜻이 자기 자신의 삶을 통하여 얼마나 성취되느냐에 있다. 그는 하나님의 성품을 파악하여 그분의 마음에 맞는 삶을 살기에 힘쓴다. 그런 사람은 죄짓지 않으며, 혹 죄를 지어도 회개하며, 형제를 사랑하며, 계명을 지키며 산다. 이러한 사람의 기도는 모두 응답된다.

구하는 바가 하나님의 의지를 거스르지 않기 때문이요, 기도가 삶이요, 삶이 기도이기 때문이다. 이런 기도 생활을 누리는 신자에겐 진정한 교제의 기쁨이 있다. 하나님과의 친밀한 교제가 100프로 기도 응답으로 나타날 때 그가 누리는 삶의 깊이와 절정을 누가 알겠는가. 세상 사람은 전혀 이해하지 못하는 새로운 차원의 삶이다. 그러기에 그러한 사람의 삶은 단순한 '생'이 아니요 '영생'이다.

이 두 가지 삶 사이엔 어떤 철학 수업으로도, 종교 수행으로도, 윤리적 삶으로도 건너뛸 수 없는 질적 차이가 있다. 신자는 '생'을 사는 사람이 아니요 '영생'을 사는 사람이다.

중보기도

'그의 뜻'을 구하는 신자의 기도는 늘 응답된다. 하나님과의 친밀한 교제는 그의 기도 생활을 통하여 늘 확인된다. 14, 15절이 자기 자신의 개인 기도에 대하여 다루고 있다면, 16, 17절은 형제를 위한 중보 기도 문제를 다루고 있다. 진정한 그리스도인이라면 자기 자신만이 아니라 타인을 위하여도 기도해야 할 것이다. 16절에서 요한은 형제가 죄를 범하는 것을 볼 때 하나님 앞에 중보 기도를 해야 할 것을 권면하고 있다. 16절의 "구하라, 주시리라"의 문장 구조를 눈여겨 보라.

한글 개역성경의 "구하라, 주시리라"의 구조가 명령문과 가정문의 결합인 것처럼 보이나 헬라어 원문에 보면 '구하라'나 '주시리라'의 두 동사 모두 미래형으로 기록되어 있다. 동사를 분석하면 '그는 구할 것이다. 그는 주실 것이다'의 구조로 쓰였다. 풀어 쓰면 '신자는 구할 것이고, 하나님은 주실 것이다'의 의미이다. 명령형을 쓰지 않고 미래형을 사용한 것은 형제가 범죄 하는 것을 보면 신자라면 으레 자발적으로 그를 위하여 기도할 것이 예견되어 있다는 사실을 알 수 있다. 또 여기에는 하나님이 으레 신자가 구한 것을 100프로 주시리라는 예측이 전제되어 있다. 구하는 것이 신자의 할 일이라면, 주시는 것은 하나님의 일이다.

그러므로 구한 후엔 주실 것에 대하여 염려할 필요가 없다. 주시는 것은 하나님의 일이지 내 일이 아니기 때문이다. 내가 어떻게 할 수 있는 것이 아니다. 물론 그런 일은 없겠지만 혹 염려한다면, 하나님이 염려할 일이다. 하나님의 일은 하나님께 맡길 일이다. 그러므로 기도했으면 응답된 것으로 믿어야 한다. "그에게 구한 그것을 얻은 줄을 또한 아느니라"의 태도가 신자의 마땅한 자세이다(15절 하반절). 요약하면 형제가 범죄하는 것을 보면 신자는 당연히 형제를 위하여 기도할 것이고, 하나님은 당연히 기도에 응답하여 범죄한 형제에게 생명을 주실 것이다.

본문에서의 미래 시제 사용은 당연히 혹은 으레 일어날 관습적인 미래의 사건이나 행위를 묘사한다. 이와 같이 하나님은 개인 기도뿐 아니라 중보기도에도 100프로 응답하신다.

사망에 이르는 죄

형제가 죄를 범하는 것을 보면 당연히 그를 위하여 기도하는 것이 신자의 참다운 자세이다. 그러나 요한은 '사망에 이르지 아니하는 죄'와 '사망에 이르는 죄'를 구분하고, '사망에 이르지 아니하는 죄'를 짓는 것을 볼 때는 그를 위하여 기도할 것이지만, '사망에 이르는 죄'에 대하여는 기도할 필요가 없다고 가르친다. 그렇다면 '사망에 이르는 죄'란 무슨 죄인가?

요한일서의 수신자들은 '사망에 이르는 죄'와 '사망에 이르지 않는 죄'가 무엇인지 분명히 구분하고 있었다. 만일 이 두 가지 죄가 어떻게 다른지 그들이 몰랐다면, 그것에 대하여 구체적으로 설명하였을 것이다. 아무런 설명 없이 '사망에 이르는 죄'와 '사망에 이르지 않는 죄'를 구분하여 사용한 것은 당시 요한일서의 수신자들이 둘 사이의 차이를 잘 알았기 때문이다.

그러나 오히려 아무런 설명이 없기에 오늘날의 독자들은 '사망에 이르지 않는 죄'와 '사망에 이르는 죄'가 어떻게 구분되는지 알 길이 없다. 이에 대한 논의는 이미 속사도 시대부터 있어 왔다. 속사도 시대 이후로 오늘에 이르기까지 많은 주석가들이 '사망에 이르는 죄'가 무엇인지에 대하여 논의하여 왔으나, 이에 대한 규명은 아직도 학자들마다 그 의견이 분분하다. 그러나 여기서의 '사망'을 육체적 죽음으로 해석하느냐, 아니면 영적 죽음으로 해석하느냐에 따라 크게 두 가지 주장으로 대별할 수 있다.

육체적 죽음

먼저 '사망'을 육체적 죽음으로 해석하는 주장을 살펴보자. 이 주장에 따르면 어떤 특정한 죄를 지은 사람은 제 명을 다 살지 못하고 죽는데, 이렇게 생명을 단축시키는 중대한 죄가 '사망에 이르는 죄'라는 해석이다. 예를 들어 어떤 사람은 80세까지 살 것으로 예정되어 있으나 50세까지밖에 살지 못하고, 어떤 이는 60세까지 살도록 되어 있으나 45세에 죽는다는 것이다.

레위기 20장에 기록된 모세의 율법에 보면 사망의 형벌을 받는 범죄들이 열거되어 있는데, 자식을 이방 신에게 제물로 바치는 자, 무당을 추종하는 자, 부모님을 저주하는 자, 남의 아내와 간음하는 자, 계모와 동침하는 자, 자부와 동침하는 자, 동성 연애를 하는 자, 아내와 장모를 함께 취하는 자, 짐승과 교합하는 남녀, 자매를 취하는 자,

월경 중의 여인을 취하는 자, 이모나 고모를 취하는 자, 형수나 제수를 취하는 자, 신접한 자 등이다.

일반적으로 랍비들의 전승도 이와 같은 해석을 따르고 있다. 부모에게 효도하는 자에게 장수의 복이 주어지는 반면, 위와 같은 중죄를 짓는 경우, 제 명을 다하지 못하고 미리 죽는다는 해석이다[1].

신약 시대에는 아나니아와 삽비라의 죽음이 그 대표적인 예이다. 하나님께 바칠 헌금의 일부를 숨겼던 이들은 생각지 못한 죽음을 당하였다[2]. 근친상간으로 인한 죽음의 예는 고린도전서가 증거한다. 아버지의 아내를 취한 고린도교회 교인에게 바울은 이렇게 경고한다. "이러한 자를 사단에게 내어주었으니 이는 육신은 멸하고 영은 주 예수의 날에 구원 얻게 하려 함이라[3]." 이러한 사람은 영혼의 구원은 잃지 않을 것이나 육신은 제 명을 다하지 못하고 미리 죽음을 맞이할 것이다.

바울에 의하면 성찬을 더럽히는 사람도 몸이 아프거나 병들어 일찍 죽는다. 성찬식 때 자신을 살피지 않고 주의 떡과 잔을 합당치 않게 먹고 마시기 때문에 "너희 중에 약한 자와 병든 자가 많고 잠자는 자도 적지 않다"고 고린도교인들을 경고하였다[4].

용서받을 수 없는 죄

알렉산드리아의 클레멘트나 오리겐 등의 교부 등은 '사망에 이르지 않는 죄'는 사함 받을 수 있는 죄로, '사망에 이르는 죄'는 사함 받을 수 없는 죄로 구분하여 설명하였다. 그러나 어떤 것들이 사함 받을 수 없는 '사망에 이르는 죄'인지는 죄목을 구체적으로 밝히지 않았다. 교부들의 이와 같은 해석은 구약 시대의 유대인들이 죄를 두 종류의 죄로 나눈 데 기인한다.

구약의 유대 전통에 따르면 죄는 무의식적으로 혹은 실수로 짓는 죄와 의도적으로 혹은 계획적으로 짓는 죄의 두 종류로 구분된다. 실수로 짓는 죄는 대속죄일 날 제물을 하나님께 바치고 속죄함으로 용서받을 수 있었으나, 고의적으로 혹은 계획적으로 짓는 죄는 대속죄일 날의 속죄로도 용서받을 수 없었다. 이와 같은 죄는 오직 죄를 지은 당사자의 죽음으로만 속함 받을 수 있었다[5].

터툴리안은 이와 같은 구약시대의 전통에 근거하여 사함 받을 수 있는 사소한 죄 외에 사함 받을 수 없는 '사망에 이르는 죄'가 무엇인지 그 죄목들을 구체적으로 밝혔다. 그는 살인, 간음, 신성모독, 우상숭배 등의 죄를 따로 분류하여 '일곱 가지 죽을 죄'라는 목록을 만들었다. 그러나 터툴리안의 이와 같은 견해는 매우 회의적이다. 요한이 이러한 구체적인 죄목들을 염두에 두고 요한일서를 썼다고 보기는 어렵기 때문이다[6].

배교의 죄

'사망에 이르는 죄'에 대한 또 다른 해석은 이 죄가 '배교의 죄'를 가리킨다는 해석이다[7]. 이러한 사람에겐 영혼의 구원이 없다. 본문에서 요한이 말하는 '사망에 이르는 죄'는 다름아닌 예수가 그리스도인 것을 거부하는 행위를 가리킨다는 해석이다. 이러한 사람에겐 아무 기도도 효험이 없으므로 그를 위한 어떤 기도도 필요 없다는 해석이다. 그러나 '사망에 이르는 죄'를 육체적인 죽음으로 해석하지 않고 배교나 그와 유사한 죄로 해석한다 할지라도, 그 안에서도 학자마다 각기 다른 견해를 보이고 있다.

먼저 마샬의 견해를 보자8). 요한일서의 전체적인 흐름으로 볼 때 요한은 죄의 문제에 특히 민감하다. 요한이 지적하는 죄가 여러 가지 있으나 그 중 중요한 것만 정리하면, 예수가 하나님의 아들인 것을 부인하는 행위, 하나님의 계명을 어기는 행위, 형제를 미워하는 행위, 세상을 사랑하는 행위 등이다. 이러한 행위는 어둠에 속한 사람의 전형적인 행위이다. 이러한 행위를 하는 사람은 하나님의 자녀라고 말할 수 없다. 하나님의 자녀이면 하나님의 자녀다운 삶을 살아야 한다. 마샬에 의하면 예수가 하나님의 아들인 것을 의도적으로 부인하고 형제를 미워하는 사람은 '사망에 이르는 죄'를 범하는 사람이며, 이러한 사람에겐 구원을 기대할 수 없다. 그러나 혹 실수로 죄를 짓는다 할지라도 회개하며 여전히 예수가 하나님의 아들인 것을 믿으며, 형제를 사랑하고자 애쓰는 사람은 생명을 얻을 것이다. 이러한 종류의 죄는 '죽음에 이르지 않는 죄'이다.

스토트(John Stott)는 본문의 '사망에 이르는 죄'는 신자가 아니라 불신자의 죄를 가리킨다고 주장한다. 스토트의 이와 같은 주장은 한 번 구원받은 사람은 어떠한 경우에도 구원을 잃지 않는다는 신학적 확신에 기초하고 있다. 어떻게 구원받은 형제에게 '사망에 이르는 죄'가 가능한가? 있을 수 없는 일이다. 만일 교인 가운데 '사망에 이르는 죄'를 짓는 사람이 있다면 그는 겉모습만 교인일 뿐이요 실상은 구원받은 적이 전혀 없는 불신자일 것이라는 것이 그의 해석이다.

더 나아가 스토트는 16절에 명명된 형제를 위한 기도가 불신자를 위한 기도라고 해석한다. 스토트에 의하면 '사망에 이르지 않는 죄'나 '사망에 이르는 죄'나 모두 불신자의 죄를 가리킨다. 그는 그 증거로 '사망에 이르지 않는 죄'를 범하는 형제를 위하여 기도할 때 하나님께서 '생명'을 주시리라고 약속하였는데, 만일 그가 신자라면 왜 그에게 생명이 또 필요하겠느냐는 질문을 던진다.

따라서 이 생명을 받을 수 있는 사람은 불신자일 수밖에 없다는 결론을 내린다. 불신자를 위하여 기도할 때 어떤 이(사망에 이르지 않는 죄를 지은 자)는 구원받고, 어떤 이(사망에 이르는 죄를 지은 자)는 구원받지 못할 것이다9). 그러므로 '사망에 이르지 않는 죄'를 지은 사람을 위하여는 기도해야 하지만, '사망에 이르는 죄'를 지은 사람을 위해서는 기도할 필요가 없다.

기도의 대상과 경계의 대상

하나님의 자녀와 하나님의 자녀가 아닌 사람의 삶은 근본적으로 다르다. 신분의 차이가 삶의 차이로 드러나기 때문이다. 어떤 사람이 하나님의 자녀인지 아닌지를 알려면 그의 삶을 관찰하면 된다. 예수가 하나님의 아들이라고 고백하며, 죄를 회개하며 계명을 지키며 세상을 미워하되 형제를 사랑하며 사는 사람이 있다면, 그는 분명 하나님의 자녀이다.

그러나 예수가 하나님의 아들인 것을 부인하며 자기가 죄인인 것도 부인하며 세상만 사랑하고 형제를 미워하는 사람이 있다면, 그는 분명히 하나님의 사람이 아니다. 만일 어떤 사람이 예수가 하나님의 아들인 것을 의도적으로 또는 고의적으로 부인하고 계획적으로 형제를 미워한다면 그가 얼마나 교회에 다녔는가에 관계없이 그는 구원받은 경험이 없는 사람이다. 구원받았던 사람이라면 예수가 하나님의 아들이라는 사실을 공개적으로 부인할 수 없다.

요한 당시 어떤 사람들은 예수가 하나님의 아들이라는 사실을 공개적으로 부인하고, 뿐만 아니라 이 잘못된 가르침을 교인들에게 가르치는 데 주력하다가 이 일이 여의치 않자 교회를 떠났다. 이들은 거짓 선생들이다. 요한은 이들을 가리켜 '사망에 이르는 죄'를 범한 사람이라고 불렀을 가능성이 높다. 형제를 위하여 기도하면 반드시 응답한다는 기도의 확신을 이러한 사람을 대상으로 적용할 수는 없다. 거짓 선생들은 공개적으로 예수가 하나님의 아들인 것을 부인하며 그들의 실상은 적그리스도이다. 그들은 기도의 대상이라기보다는 경계의 대상이다. 신자들은 그들의 구원을 위하여 기도하기보다는 오히려 그들의 실상이 무엇인지, 어떻게 대처할 것인지를 가르쳐야 할 것이다.

기도하는 이유

요한의 편지는 목회적 차원에서 실제적인 문제를 다루고 있다. 거짓 선생들을 위해서 기도하는 것은 미숙한 신자의 어리석은 환상이다. 영의 세계에 대하여 잘 이해하지 못하는 어린 신자들이 이런 환상에 쉽게 빠진다. 양을 잡아먹는 늑대를 위하여 기도하는 양이 있다면 얼마나 어리석은 양인가. 늑대는 기도의 대상이 아니라 경계의 대상이다.

그럼에도 불구하고 요한은 '죽음에 이르지 않는 죄'를 범하는 형제를 위하여는 기도하라고 권한다. 요한은 그 이유를 17절에서 이렇게 밝히고 있다. "모든 불의가 죄로되 사망에 이르지 아니하는 죄도 있도다". 모든 죄가 악한 것이 사실이지만 그 중에는 '죽음에 이르지 않는 죄'도 있다는 것이다. 거짓 선생과 적그리스도를 위하여 기도하는 일은 어리석은 일이지만, 그렇다고 죄 짓는 모든 사람을 적그리스도라고 생각하는 것은 매우 위험한 일이다. 그가 '죽음에 이르지 않는 죄'를 범하고 있다면 그를 위하여 기도해야 할 것이다.

성숙한 그리스도인은 '죽음에 이르는 죄'와 '죽음에 이르지 않는 죄'를 구별할 줄 아는 분별력을 가져야 한다. 적그리스도를 경계하는 한편, 죄 짓는 형제를 위하여 중보 기도할 줄 아는 성숙한 지혜가 필요하다.

우리가 아는 것

편지를 마감하며 요한은 우리가 아는 것이 무엇인가를 총정리한다. 이 편지를 통하여 우리가 아는 사실은 무엇인가? 먼저 우리에게 영생이 있다는 사실이다. 13절에서 요한은 수신자들에게 영생이 있음을 알게 하려는 목적으로 이 편지를 썼다고 밝혔다.

우리가 아는 또 하나의 중요한 사실은 우리가 무엇이건 구하면 하나님께서 들으시며, 구한 것은 얻는다는 것이다. 13절과 15절에 명시된 이 내용은 이미 위에서 논의된 바 있다. 이제 17절에서 요한은 신자의 안전에 관한 문제를 다룬다. 우리가 아는 또 하나의 중요한 사실은 하나님께로서 난 자마다 범죄치 아니하며, 하나님께서 악한 자로부터 우리를 지키신다는 사실이다. 비록 '사망에 이르는 죄'를 범함으로 구원에 이르지 못하는 사람이 있다 할지라도, 신자의 안전에 대하여는 염려할 이유가 전혀 없다. '사망에 이르는 죄'를 범하는 사람은 그가 교회에 다닌다 할지라도 예수님을 하나님의 아들로, 자신의 생명을 구원하신 구원의 주로 고백한 경험이 없는 실제적인 불신자이기 때문이다.

어떤 법이라도 출생이 취소되는 법은 없다. 한 번 하나님께로서 난 사람은 '사망에 이르는 죄'에 빠지지 아니하며, 악한 자가 공격한다 할지라도 하나님께서 보호하신다. 19절에선 신자의 환경에 대하여 우리가 무엇을 알고 있는가를 가르친다. 우리는 우리가 하나님께 속하였으며, 온 세상은 악한 자에게 처하여 있다는 사실을 안다. 무엇보다도 우리는 우리가 예수 그리스도 안에 있음을 안다(20절). 우리가 아는 것을 정리하면 다음과 같다.

1) 우리는 우리에게 영생이 있음을 안다(13절).
2) 우리는 무엇이든 구하면 하나님께서 들으시며, 구한 것은 얻은 줄로 안다(15절).
3) 우리는 하나님께로서 난 자마다 범죄치 아니하며, 하나님께서 악한 자로부터 우리를 지키심을 안다(17절).
4) 우리는 우리가 하나님께 속하였으나 온 세상은 악한 자에 처한 것을 안다(19절).
5) 우리는 우리가 예수 그리스도 안에 있음을 안다(20절).

이와 같은 요한의 고백은 확신에 차 있다. 일말의 주저함이 없다.

모른다면 주저하고 확실치 않다면 자신이 없겠지만, 아는 것을 말하기에 당당하며 경험한 것을 말하기에 담대하다. 진정한 신자는 확신에 찬 삶을 산다. 하나님과 친밀한 교제를 누렸던 요한은 그가 누렸던 하나님과의 친밀한 교제가 오늘 우리에게도 가능함을 가르친다. 확실한 것은 그가 아는 것을 우리도 안다는 사실이다. 그가 살았던 영생의 삶은 오늘 우리에게도 가능하다.

부 록

제1장. '영성 없는 그리스도인에게 보내는 편지'를 위한 도움 자료

1. 본문 관찰

다음은 1장 1절부터 4절까지의 관찰 내용이다. 관찰만 잘하여도 해석의 대부분은 관찰 단계에서 이루어진다. 관찰을 잘하면 잘할수록 보다 더 정확한 해석을 얻어낼 수 있다. 물론 신학적인 용어라든지 배경 등에 대한 연구는 따로 하여야겠지만 본문에 대한 관찰만 제대로 이루어진다 하여도 상당한 해석을 얻어낼 수 있다.

아래는 단순하게 한글 본문을 놓고 관찰한 내용이다. 먼저 어떤 단어가 많이 쓰였는가를 관찰하였고 다음은 문장의 문법적 관계를 관찰하였다. 일반적으로 보수진영에서는 성경을 관찰할 때 문법적·역사적 해석방법을 사용하는데 이는 성경이 특정한 역사적 배경에서 언어를 통하여 씌었기 때문이다. 따라서 본문을 제대로 이해하기 원한다면 본문의 역사적 배경을 알아야 하고 본문의 언어를 이해하는 것이 중요하다.

본문이 글로 씌어 있으므로 문장을 이해하고 관찰하는 것이 본문을 이해하기 위한 첩경이라 할 수 있다. 관찰의 내용에 의문이 생길 때는 이에 대하여 질문을 서슴지 말아야 한다. 이 질문을 관찰 질문이라 하면 이 관찰 질문은 본문을 이해하는 데 많은 도움을 준다.

2. 단어 관찰

1) 우리 : 아홉 번 반복되었다. 네 절의 짧은 구절에서 일인칭복수대명사 '우리'라는 단어가 무려 아홉 번이나 반복하여 사용되었다. 우리는 누구인가?

2) 너희 : 세 번 반복 사용되었다. 이인칭복수대명사 '너희'가 세 번 사용되었다(일인칭복수공동체와 이인칭복수공동체 사이에 무슨 일이 있는가 살펴봐야겠다). 너희는 누구인가?

3) 생명 : 세 번 반복 사용되었다. '생명의 말씀', '생명', '영원한 생명'.

4) 아버지 : 두 번, 아들 : 한 번. 가족적인 용어 사용.

5) 예수 그리스도 : 한 번.

6) 사귐 : 두 번.

7) 들은 바, 본 바, 주목하고, 만진 바라 : 시청각적 동사의 반복 사용.

8) 전하다 : 두 번,

9) 증거 : 한 번.

3. 문장 관찰

태초부터 있는
생명의 말씀에 관하여는
우리가 들은 바요
눈으로 본 바요
주목하고
우리 손으로 만진 바라

일인칭복수공동체 '우리'는 무엇인가를 시청각적으로 친밀하게 경험하였다. 직접 귀로 듣고, 눈으로 보고, 자세히 살펴보고, 촉각으로 느끼는 현장감 있는 경험에 대해서 보고한다. 일인칭복수공동체가 생생하게 경험한 것은 생명의 말씀이다. 생명의 말씀엔 역사(태초)가 있다. 이 편지를 요한이 썼다면 일인칭공동체는 편지 집필자인 요한과 요한을 포함한 어떤 사람들일 것이다. 생명의 말씀은 무엇인가?(관찰질문) 추상적으로 느껴지는 단어 '생명의 말씀'이 구체적(시청각적)으로 경험되었다.

이 생명이 나타나신 바 된지라 이 영원한 생명을 우리가 보았고 증거하여 너희에게 전하노니 이는 아버지와 함께 계시다가 우리에게 나타나신 바 된 자니라

일인칭복수공동체 '우리'가 이인칭복수공동체인 '너희'에게 말하고 있다. '우리'는 누구이고 '너희'는 누구인가?(관찰질문) 일인칭공동체가 경험한 사실을 이인칭 복수공동체에게 전하고 있다. 그렇다면 일인칭복수공동체가 경험한 사실을 이인칭복수공동체는 경험하지 못했다는 말인가? 그들이 경험한 것은 무엇인가? 일인칭복수공동체가 경험한 것은 생명,

우리가 보고들은 바를 너희
에게 전함은 너희로 우리와
사귐이 있게 하려 함이니 우
리의 사귐은 아버지와 그 아
들 예수 우리가 이것을 씀은
　우리의 기쁨이 충만케 하
려 함이로라

또는 영원한 생명이다. 이 생명은 일
절에선 생명의 말씀이라고 표현되었
다. 생명에 대하여 설명하고 있다.
생명의 말씀(1절), 생명, 영원한 생
명이라고 표현된 분은 인격체이다
(자니라).
즉 어떤 사람에 대하여 이야기하고
있다. 그 분이 어떤 분인가를 설명하
고 있다. 그 분은 아버지와 함께 계시
다가 일인칭복수공동체에게 나타나
셨고 그 결과 그들이 보게 되었다.
일인칭복수 공동체가 경험한 것을(보
고 들은 바) 이인칭복수공동체에 전
하는 목적이 있다(전함은,一). 전하
는 목적은 일인칭복수공동체와 이인
칭복수공동체 사이에 '사귐'이 있게 하
기 위함이 다. 사귐 앞에 소유격 대명
사 '우리'가 붙었다. 배타적 사귐.
　그리스도와 함께 함이라 사귐의
성격에 대하여 설명한다. 요한이 이
인칭복수공동체에게 이 편지를 쓴 목
적이 드러난다. 일인칭복수공동체의
기쁨을 넉넉히 차고 넘치게 하는 것
이 편지를 쓴 목적이다. 기쁨에는 정
도가 있다(충만).

2. 석의에서 설교까지

다음은 1장 1절에서 4절까지의 본문을 바탕으로 석의 개요와 강해 개요, 그리고 가능한 설교 아이디어이다. 석의 개요가 본문을 요한 당시의 상황에서 이해하고자 하는 노력이라면, 강해 개요는 석의 개요를 바탕으로 어느 시대에도 적용 가능한 보편적 진리를 끌어내는 노력이라 할 수 있다. 설교 아이디어는 이렇게 얻은 보편적 진리를 특정 시대의 특정 청중을 대상으로 적용한 언술이라 할 수 있다.

1) 석의 개요

본문의 관찰 내용을 바탕으로 하여 본문이 말하고자 하는 개요를 작성하면 다음과 같다.

명제 : 역사 가운데 들어오신 하나님(예수 그리스도)과의 친밀한 교제로 말할 수 없는 기쁨을 누린 요한은 1세기 후반의 초대 교회 성도들에게 그와 사도들에게 있었던 동일한 교제의 기쁨이 편지의 수신자에게도 가능함을 알리기 위하여 편지를 썼다.

I. 사도 요한은 사도들과 함께 태초부터 있는 생명의 말씀과 친밀한 교제를 나누었다(1).

  A. 사도 요한은 사도들과 함께 태초부터 있는 생명의 말씀을 들었다.

  B. 사도 요한은 사도들과 함께 태초부터 있는 생명의 말씀을 보았다.

   C. 사도 요한은 사도들과 함께 태초부터 있는 생명의 말씀을 주목하였다.

   D. 사도 요한은 사도들과 함께 태초부터 있는 생명의 말씀을 손으로 만졌다.

II. 사도 요한과 사도들은 하나님과 함께 계시다가 역사 가운데 나타난 생명과 교제하였고 이 사실을 초대 교회 성도들에게 전하였다(2).

   A. 요한은 자기가 교제한 역사 가운데 나타난 생명을 초대교회 성도들에게 전하였다(2a).

   B. 사도들에게 나타난 생명은 하나님과 함께 계시던 분이다 (2b).

III. 요한이 그가 경험한 교제를 초대 교회 성도들에게 전하는 목적은 초대 교회 성도들도 그가 경험한 동일한 교제를 갖기 원하였기 때문이다(3).

   A. 요한은 초대교회 성도들도 동일한 종류의 교제를 갖기 원하는 목적으로 그가 사도들과 함께 경험한 교제를 전하였다(3a)

   B. 요한이 초대교회 성도에게 소개하는 교제는 하나님과 그의 아들 예수 그리스도가 함께하는 교제이다 (3b).

IV. 요한은 그가 가지고 있는 동일한 기쁨이 요한일서의 수신자에게도 넘치기를 바라는 목적으로 이 편지를 썼다 (4).

2) 강해 개요 (요일 1:1-4)

석의의 내용을 바탕으로 본문이 말하고자 하는 바의 보편적, 일반적 진리를 설명하는 작업을 가리켜 강해라고 한다. 석의 개요가 요한의 편지를 받았던 1세기 후반의 초대교회 신자들에게 적용된 진리라면, 강해 개요는 공간과 시간을 뛰어넘어 어느 시대 어느 곳에서도 적용할 수 있는 일반적 진리이다. 위의 석의 개요를 보편화시켜 강해 개요를 만들면 다음과 같다.

개요 : 요한과 초대교회 사도들이 경험하였던 하나님과의 친밀한 교제와 그에 따른 교제의 기쁨은 어느 시대 어느 성도들에게도 가능하다(1-4).

I. 요한과 사도들은 하나님이신 예수님과 친밀한 교제를 나누었다 (1).

A. 요한과 사도들은 하나님이신 예수님의 말을 들었다.
B. 요한과 사도들은 하나님이신 예수님의 삶을 보았다.
C. 요한과 사도들은 하나님이신 예수님의 행적을 주목하였다.
D. 요한과 사도들은 하나님이신 예수님의 몸을 손으로 만졌다.

II. 요한이 교제한 예수님은 인간의 몸을 입고 이 땅에 오신 하나님이셨고 그는 이 놀라운 사실을 성도들에게 전하였다 (2).

  A. 태초부터 있던 말씀이 역사 안에 나타났으니 그 분이 예수님이다.

  B. 요한이 교제한 예수님은 하나님이다.

III. 요한이 경험했던 하나님과의 친밀한 교제는 어느 시대 어느 성도에게도 가능하다(3).

  A. 사도들이 가졌던 하나님과의 친밀한 교제는 어느 시대 어느 성도에게도 가능한 것으로 계속 증거되어야 한다 (3a).

  B. 성서적 교제는 하나님과 그의 아들 예수 그리스도가 함께 하는 교제이다(3b).

IV. 요한이 가졌던 교제의 기쁨은 어느 시대 어느 성도에게도 가능하다(4)

3) 적용 힌트

강해가 본문에서 말하고자 하는 일반적인 진리를 밝혀 설명하는데 목적이 있다면, 설교는 도출된 일반적인 진리를 설교자가 섬기는 회중에게 현대적인 용어로 설득시키는 언술이다. 다음을 참고하여 설득을 위한 보다 더 세부적인 설교 개요를 각자 만들 수 있다.

요한의 전제 : 성도들의 삶에 교제가 없다
               기쁨이 없다

사귐에 아버지와 아들이 없다

설교 힌트 : 과연 오늘 우리 교회 신자들에게
　　　　　　　1) 진정한 성서적 교제가 있는가?
　　　　　　　2) 교제의 기쁨이 있는가?

가능한 설교요목 1

명제 : 요한과 초대교회 사도들이 가졌던 하나님과의 친밀한 교제
　　　는 오늘 우리에게도 가능하다

I. 하나님과의 친밀한 교제는 추상적인 것이 아니며 실제적인 것이
　　다.

II. 하나님과의 친밀한 교제는 하나님의 아들을 삶 가운데 생명으
　　로 경험하는 것이다.

III. 사도들이 가졌던 하나님과의 친밀한 교제는 오늘 우리에게도
　　가능하다.

IV. 하나님과의 친밀한 교제는 우리의 삶에 놀라운 기쁨을 가져온
　　다.

설교 요목 2

명제 : 기쁜 그리스도인이 되려거든 하나님과 성서적 교제를 가지라.

I. 기쁜 그리스도인이 되려거든 추상적이 아닌 실제적인 교제를
    가지라
II. 기쁜 그리스도인이 되려거든 영생되신 예수님과 교제하라
III. 기쁜 그리스도인이 되려거든 사도들이 가졌던 동일한 교제를
    가지라
IV. 기쁜 그리스도인이 되려거든 교제의 기쁨을 당신의 삶 속에서
    누리라

설교 요목 3

명제 : 교제의 목적은 그리스도인들이 하나님과 친밀한 관계를 계
        발함에 있다.

I. 교제의 목적은 신자들로 하여금 인간으로 오신 하나님과 친밀한
   관계를 계발케 함에 있다(1-2).
II. 교제의 목적은 진정한 교제를 경험하지 못한 신자들을 거룩한
   교제권에 초청함에 있다(3).
III. 교제의 목적은 거룩한 교제권에 속한 신자들의 기쁨을 모든
   신자들과 공유케 함에 있다(4).
성경공부와 설교를 통합적으로 목회에 적용하는 경우 성경공부 교

재를 만들어 성도들이 먼저 공부하게 할 수 있다. 이와 같은 설교, 성
경공부의 통합적 목회 적용 사례는 미국 달라스의 빛내리교회에서 그
예를 찾아 볼 수 있다. 신자들이 성경 공부 시간에 공부한 내용을 본
인의 삶에 적용시키고 목사님이 설교를 통하여 다시 격려 받는 통합
적 목회 구조에 대하여 더 자세히 알기 원하는 사람은 이연길 목사의
말씀 목회 패러다임과 이야기 설교학을 참조하라.

4) 성경공부

I. 당신이 위의 본문에서 관찰한 바를 적으시오(귀납법적 관찰법
을 활용하시오).
　　예) 1. "우리"의 반복; 일인칭 복수 공동체가 경험한 일에 관하
　　　　　여 말하고 있다.
　　　　2.
　　　　3.

II. 본문에서 우리는 누구를 가리킵니까? "우리"에게 있었던 경험
이 당신에게도 있습니까? 당신이 속해 있는 공동체는 어떻습
니까? 만일 없다면 무슨 이유 때문일까요?

III. 많은 그리스도인들이 하나님과 관계는 있으나 교제가 없어 자
기 자신이 고립되어 있다고 생각합니다. 당신의 상태는 어떠
합니까? 요한이 제시하는 해결책에 관심이 가지 않습니까?

IV. 본문에선 사귐을 어떻게 정의하고 있습니까? 요한이 말하는

바로는 그의 사귐에는 아버지와 그 아들 예수 그리스도가 함
께 하였다고 하였는데 무슨 의미입니까? 당신의 사귐에도 아
버지와 예수 그리스도가 함께 합니까? 어떻게 그 사실을 알
수 있습니까?

V. 본문의 개요를 한 문장으로 적으시오. 또 본문이 말하고자하는
명제는 무엇인가 한 문장으로 적으시오.

제2장 '하나님의 성품을 대속하라'를 위한 도움 자료

1. 석의 개요

명제 : 사도 요한은 하나님과 교제하려면 예수님께서 그와 사도들
에게 가르쳐주신 하나님의 성품이 조그마한 죄라도 용납할
수 없는 완전한 빛이신 것을 깨달아, 조금도 어둠이 없으신
하나님 앞에서 자기의 죄를 발견하고, 자백하여, 예수의 피
로 사함 받아 깨끗한 삶을 살아야한다고 1세기 후반 초대교
인들에게 가르친다.

I. 요한은 사도들과 함께 예수 그리스도로부터 하나님의 속성에
대해 배운 바를 1세기 후반 초대교회 교인들에게 전한다 (5).
　A. 요한이 갖고 있는 소식의 근원은 예수 그리스도이다.
　B. 소식의 내용은 하나님의 성품에 관한 내용으로,

1) 하나님은 빛이시며

2) 그에게는 조금도 어둠이 없다는 사실이다.

II. 빛되신 하나님의 성품을 따라 빛 가운데 사는 성도에겐 하나님과의 교제가 있으나, 교제가 있다고 말만하며 실제로는 어둠에 사는 성도에겐 하나님과의 교제가 불가능하다(6-7).

  A. 말과 행동이 다른 성도는 거짓말쟁이이며 그에겐 진실한 삶을 기대할 수 없다(6)

  B. 하나님의 성품을 따라 빛 가운데 사는 자에겐 하나님과의 사귐이 있고 거룩한 삶이 있다(7).

III. 죄에 대한 올바른 인식이 없는 사람은 자기를 속이고 하나님을 거짓말쟁이로 만들어 하나님과의 교제가 불가능하니, 죄를 자백하는 사람에겐 교제의 삶과 깨끗한 삶이 열려있다(8-10).

  A. 죄가 없다는 성도는 자기를 속이는 사람이요 진리가 그 속에 없는 사람이다(8).

  B. 죄를 자백하는 성도는 죄 사함 받으며 깨끗함을 받는다(9).

  C. 죄짓지 않는 다는 사람은 하나님을 거짓말쟁이라고 저주하는 사람이며 하나님의 말씀을 모르는 사람이다(10).

2. 강해 개요

명제 : 하나님과 교제하려면 조그만 죄라도 용납하지 않는 완전한
　　　빛 되신 하나님의 성품을 깨달아, 자기의 죄를 발견하고,
　　　자백하여, 예수의 피로 사함 받아 깨끗한 삶을 살아야한다
　　　(1:5-10).

I.　하나님과 교제하려면 하나님의 속성을 알아야 한다.
　　A. 하나님의 속성을 알 수 있는 자료는 예수님의 가르침이다.
　　B. 하나님의 속성은 적극적인 면에서 "하나님은 빛"이시고 소
　　　극적인 면에서 "그에게는 조금도 어둠이 없다"는 사실이
　　　다.

II.　하나님과의 진실한 교제는 말에 있지 않고 그의 삶에 있다
　　(6-7)
　　A. 말과 삶이 다른 사람은 거짓말쟁이이며, 그의 삶엔 진리가
　　　없다(6).
　　B. 빛되신 하나님 앞에 나가 자기의 죄인된 모습을 확인하는
　　　사람은 예수의 피의 능력을 경험하며, 궁극적으로 하나님
　　　과 교제하는 삶을 산다(7).

III. 죄를 자백하는 성도에겐 하나님과의 교제의 길이 열려있으나,
　　죄에 대한 잘못된 태도는 하나님과의 교제를 불가능하게 한다

(8-10).

  A. 죄를 자백하는 성도에겐 하나님과의 교제의 길이 열려 있다(9).

  B. 죄에 대한 잘못된 태도는 하나님과의 교제를 불가능하게 한다(8,10).

3. 설교 개요

명제 : 하나님과의 교제는 우리의 삶에 빛되신 하나님의 성품이 어떻게 나타나느냐에 달려 있다(1:5-10).

I. 하나님과의 교제는 그 분의 성품에 대한 분명한 이해에 따라 좌우된다(5).

II. 하나님과의 교제는 우리의 삶에 그 분의 성품이 어떻게 반영되느냐에 달려 있다(6-7).

III. 하나님과의 진정한 교제는 죄를 용납하지 않는 그 분의 성품을 확실하게 납득할 때 가능하다(8-10).

미 주

서 장

1) 저자에 대한 세부적인 논의는 Raymond E. Brown, *The Epistles of John* The Anchor Bible 30, Doubleday & Company, Inc. Garden City, New York. 1982. p.14-35를 보라.
2) Stephen S. Smalley, 1,2,3 John Word Biblical Commentary 51, Word Books Publisher, Waco, Texas. 1984. p. xxii
3) Ibid., p. xxvi-xxviii

제1장 영성 없는 그리스도인에게 보내는 편지

1) 여기서 '우리'는 누구일까? 편지의 계속되는 내용으로 보아 필자 자신을 포함하여 그와 함께 거룩한 교제권을 형성하였던 사람들을 가리키는 것으로 보인다.
2) "나타나신 바 된 자니라" : 인격을 가리키는 용어 사용을 관찰하라.
3) 영어 성경에선 'not at all'이란 표현을 독일어 성경에선 'gar nicht'란 표현으로 어둠이 전혀 없다는 표현을 강조하여 번역하고 있다.

제3장 예수님 때문에 가능한 교제

1) 요한은 요한일서 1장 1~4절에서 그가 경험한 하나님과 친밀한 교제가 오늘 우리에게도 가능하다고 가르친다. 그렇다면 왜 많은 그리스도인들이 하나님과 친밀한 교제를 나누지 못하는가? 1장 5~10절 사이에서 그는 죄 때문이라고 증거한다.
2) 2. '나의 자녀들아'는 헬라어 '테크니아 무'(Τεκνιαμου)의 번역이다. '테크니아'는 가족적인 용어로서 작은 어린이 즉 자녀를 뜻한다. 헬라어 '무'는 소유대명사로서 '나의'를 뜻한다. '테크니아'는 요한일서에서 일곱 번, 갈라디아에서 한 번, 요한복음에서 한 번 사용되었다(요일 2:12, 28,3:7, 18, 4:4, 5:21, 요 13:33, 갈 4:19). 편지의 서두 1장 1절부터 줄곧 일인칭복수 '우리'라는 인칭대명사를 수신자에 대한 호칭으로 사용하던 요한은 본문 2장 1절에서 갑자기 '나의 자녀들아'라는 호칭을 사용한다. 2장 2절부터 다시 '우리'를 호칭으로 사용한다.
3) 3. 1장 5절부터 10절까지 엄격하고 준엄하게 하나님과의 잘못된 교제를 낱낱이 꾸짖는 요한은, 자기 자신을 포함한 '우리'라는 일인칭복수 인칭대명사를 호칭으로 사용한다. 자기의 잘못이 아니요 당시 영지주의자들을 포함한 잘못된 성도들의 잘못이지만 수신자와 발신자를 포함한 '우리'가 경성해야 한다는 의미에서 '우리'라는 인칭대명사를 사용하였을 것이다.
4) 4. NIV는 가족적인 용어의 의미를 살려 '사랑하는 나의 아이들아'(My dear children)라고 번역하였다. NASB와 NRSV는 '나의 어린아이들아'(My little children)라고 번역하였다.
5) 5. 헬라어 본문에는 '이것들(Ταῦτα)'로 기록되어 있다.

6) 라틴어의 ad와 vocatus의 합성어이다. 즉 함께 있도록 부름 받은 사람이란 뜻을 갖고 있다. '함께 하도록(ad) 선정된(vocatus)'자를 가리킨다.

7) Walter Bauer, *A Greek-English Lexicon of the New Testament and Other Early Christian Literature* Trans. by William F. Amdt & F. W. Gingrich. Chicago & London : The University of Chicago Press. 1979. p.375

제5장 성장하는 그리스도인

1) 여섯 번이나 사용된 것을 보아 쓰는 행위 즉 '기록'이 상당히 강조된 것을 알 수 있다. 하나님의 계시를 맡은 자로서 요한의 사도적 권위가 드러나는 구절이다. 하나님의 계시가 맡은 자로서 요한의 사도적 권위가 드러나는 구절이다. 하나님의 계시가 기록으로 남겨졌다는 사실을 상기시키는 구절이 아닐 수 없다.

2) 12절에서 14절까지의 단락을 이해하기 위해서는 문장구조와 관련된 몇 가지 의문을 해결해야 된다. 단락을 잘 살펴보면 첫째, 자녀, 아비, 청년의 용어가 두 번씩 반복되어 사용되었다. 둘째, 똑같은 형태의 문장구조가 반복 사용되어 두 개의 사이클을 이루고 있음을 볼 수 있다. 셋째, 6개의 '쓴다'라는 단어 중 처음 세 개는 현재시제로 다음 세 개는 완료시제로 사용되었다. 이와 같은 관찰은 몇 가지 질문을 유발한다. 1) 자녀, 아비, 청년의 가족적인 용어는 누구를 가리키는 용어인가? 2) 두 개의 사이클을 이루는 평행법을 사용한 이유는 무엇인가? 3) 쓰다라는 동사를 현재시제에서 완료시제로 바꾸어 쓴 이유는 무엇인가? 과연 아비, 청년 아이 등의 삼중 구조의 수신자는 누구를 가리키는가?

첫 번째 가능한 해석은 문자적으로 해석하여 수신자를 실제의 아이들과 청년들, 아버지들로 보는 것이다. 바울은 먼저 아이들을, 그리고 청년들을, 다음으로 아버지들을 염두에 두고 편지를 썼다고 보는 것이다. 그러나 이 해석은 심각한 문제점을 갖고 있다. 그렇다면, 바울의 수신자 중에 여자들은 없었다는 말인가? 노인들도 없었다는 것인가? 따라서 이 견해는 수용하기 힘들다. 또 다른 견해는 '자녀'를 전체 수신자를 포함하는 용어로 해석하여 수신자 계층을 '아비'와 '청년'의 두 계층으로 나누는 것이다.

이 견해는 세 가지 용어를 전부 수신자의 계층으로 인정하면 용어의 배열 순서가 생물학적 원리에서 어긋난다는 데 그 근거를 두고 있다. 생물학적 배열순서로 보면 아비, 청년, 자녀의 순서가 되어야 할 것이나, 자녀가 먼저 나오고, 뒤이어 아비와 청년이 배열된 것을 볼 때, 첫 번째 용어 자녀를 수신자 전체를 포괄하는 용어로 보자는 견해다. 그러면 아비와 청년이 남게 되는데 이는 생물학적 배열에서 볼 때 자연스럽다는 견해다. 헬라어 원문으로 보면 그의 특이한 단어 사용과 문장구조가 더 확연하게 드러난다.

2.12 *Γράφω ὑμῖν, τεκναι*
   ὅτι ἀφέωνται υμῖν αι ἁμαρτίαι
   διὰ τὸ ὄνομα αυοῦ
2.13 *γράφω ὑμῖν, πατέρες*

ὅτι ἐγνώωκατε τόν ἀπ ἀρχῆς
γραφω ὑμῖν, νεανίακοι,
ὅτι νενικηκατ τόν πνοηρον.
2.14 ἐγραφα υμῖν παιδια
ὅτι ἐγνώακτε τόν πατέρα.
ἐΥραφα υμῖν, πτέρες
ὅτι ἐγνώακτε τόν ἀπ ἀρχῆς.
ἐΥραφα υμῖν, νεανισκοι.
ὅτι ἰσκυροι ἐστε
και ὁ λογος τοῦ θεοῦ ἐν υμῖν
μένει καὶ
νενικήκατε τόν πονηρόν.

각 문두에 '쓰다'의 현재시제인 Υράφω가 세 번 반복 사용된 것과, 완료시제 ἐΥρα
Ψα가 역시 세 번 반복 사용된 것을 살펴보라. 호격 자녀(Τεκνία), 아비(πονηρό
ν)이 각각 두 번씩 사용된 것을 쉽게 관찰할 수가 있다. 단지 자녀의 경우 두
번째 사이클에서 Τεκνία대신 παδία가 사용되었다. 둘 다 아이를 뜻하지만 παδί
α가 단순하게 아이를 뜻한다면 Τεκνία는 출생이 강조되어 '태어난 아이'를 뜻한
다.
3) 본문에선 Τεκνα의 호격 Τεκνία를 사용하였다.
4) 요한일서 2장 12절
5) 고린도전서 3장 1~3절 참조.
6) 4년이라는 산술적인 숫자를 백 퍼센트 받아들인다는 데 약간의 무리는 있을 수 있다.
   바울이 고린도교회에 편지를 쓴 시점에 대해 학자들간의 이견을 받아들인다면 일이
   년의 차이는 있을 수 있기 때문이다. 따라서 고린도교인이 편지를 받은 기간은 그들이
   바울을 안 지 4년 혹은 5년일 수도 있다. 그러나 분명한 것은 4,5년 혹은 3년의 일정
   시간이 지나면 어린이의 신앙이 성숙한 신앙으로 성장한다는 사실을 전제하고 있다는
   사실이다.
7) Stephen S. Smalley. 1,2,3John Word Biblical Commentary vol. 51. Waco
   : Word Books, Publisher. 1984.P.80 참조
8) 요한의 복음서와 서신을 살펴보면 '세상'이라는 단어는 크게 두 가지 의미로 사용되었
   다. 첫째로 창조된 세계 혹은 땅위에 사는 사람들을 의미하는 경우이고 둘째는 악한
   세력의 영향 아래 있는 인간 사회를 가리킨다. 본문에선 후자의 의미로 사용되었다.

제6장 적그리스도의 출현에 대처하라

1) Brooke Foss Westcott. *The epistles of st.* John: *The Greek Texl wilb
   Notes and Essays*(reprint, Grand Rapids: Wm. B. Eerdmans Publishing
   co., 1950), p.68
2) R. C. H. lenski, *The Interprelation of the Epostles of St.* peter, St, John
   and St. Jude(1945; reprint, Minneapolis: Aussburg Publishing House,
   1966). P.429
3) 헬라어 원문을 살펴보면 기름부음의 중요성을 강조하기 위하여 목적어 '기름부음'(Χρι

σῶμα)이 동사 'ἕχετε'보다 앞에 쓰였다.

제7장 영성 있는 신자의 삶

1) 여기서 말하는 의는 전반부의 '그는 의로우신 줄을 알아'에서 언급된 의미며 여기서 그는 하나님을 가리킨다고 볼 때 하나님의 의를 가리킨다.
2) 2장 18-28절까지의 내용이 적그리스도의 추종자와 진정한 그리스도인 사이의 갈등을 표현하였다면, 본문 2장 29-3장 10절은 적그리스도의 추종자인 마귀의 자녀들과 그리스도의 추종자인 하나님의 자녀들간의 갈등을 보여준다.
3) 가곡 '수선화' 중에서.
4) 요 1:29
5) 고후 5:1~5 참조

제8장 관계의 역학, 사랑과 미움

1) Stephen S. Smlley, 1,2,3 John, *Word Biblical Commentary* 51.(Waco: Word Books Publisher), p.184. 이 단어는 신약성서에서는 오직 이곳과 요한계시록(5:6, 9, 12, 6:4, 9, 13:3, 8, 18:24)에서만 사용되었다. 희생 제물은 도살할 때 쓰이는 용어이다.
2) 문맥을 살펴 보라. 제 일 조건절의 사용은 세상의 미워하는 행위가 추상적이 아닌 실제적인 사건인 것을 보여주며, 미래의 사건이 아닌 현재의 사건임을 보여준다. 수신자들은 현재 이 일을 겪고 있다.
3) Smalley, 같은 책, p.180 참조 이와 똑같은 용법이 요한계시록에 많이 나타난다.(계 6:6, 7:3등).
4) 2장 7절의 경우 다른 사본에서 '형제들아'라는 호칭을 쓴 것이 발견되나 증거가 미약하다.
5) 요한이 본서에서 주로 사용한 호칭은 '우리', '너희', '(나의) 자녀들'이며, '아비들', '아이들', '청년들'등이 쓰였다.
6) 유의할 점은 '형제를 사랑하는 것'이 구원의 조건은 아니라는 사실이다. '형제를 사랑하는 것'은 구원의 결과요 열매이다.
7) 막 10:17~27.

제9장 사랑과 확신

1) 요 13:35
2) 요 15:12

3) "자녀들아"라는 호격 사용은 아버지의 자녀들에 대한 따뜻한 애정을 보여주는 호칭으로 수신자들에 대한 요한의 애정이 어떠한가를 보여준다.
4) 말과 혀는 중언법이다. 말은 사람들이 의사소통을 위하여 사용하는 모든 언어를 통틀어, 혀는 말할 때 사용하는 언어를 가리킨다. 그러나 같은 뜻의 단어를 나열

하여 강조하기 위한 수사학적 목적으로 같은 뜻의 두 단어가 함께 열거되었는데, 수사학적으로 중언법이라 부른다. 두 단어 중 하나를 빼어도 의미상 아무런 문제가 없다.

5) 행함과 진실함은 동의어가 아니기 때문에 중언법이라 볼 수 없다.

6) 약 2:15-17; 표준새번역.

7) 요일 1:19

8) 19절 하반절의 "우리 마음을 주 앞에서 굳세게 하리로다"를 표준 새번역에선 "하나님 앞에서 확신을 가지게 될 것입니다"라고 번역하였다. 필자의 사역: "그(하나님) 앞에서 우리의 마음에 확신을 가질 것이다"

9) 9. 19절 처음에 '카이'가 있는 텍스트와 없는 텍스트 두 종류의 텍스트들이 나타난다. Textus Receptus와 킹제임스역에는 '카이'가 들어있다. 그러나 대부분의 현대영어역본에서는 '카이'가 생략된 것으로 번역되었다(예, NASB, NEB, NIV, RSV 등). 양쪽이 거의 대등하게 증거되나, '카이'가 있는 텍스트에 더 신빙성 있는 듯하다. 약간의 초기 사본들에서 증거되는 '카이'는 18절을 뒤의 구절보다는 앞 구절을 따라 논리적으로 연결되어 있음을 보여준다.

10) 계 12:10

11) Smalley, 1,2,3 John, Word Biblical Commentary vol.51., Waco: Word Books, Publisher 1984. p. 203. 참조.

12) 마태복음 7:7,8을 참조하라. 이 구절에서도 똑같은 두 개의 동사가 사용되었다. "구하라 그러면 너희에게 주실 것이요 —— 구하는 이마다 받을 것이요--".

13) 마 6:10

14) 눅 22:42

15) 요일 2:4

16) 여기서 요한이 말하는 주가 하나님인지 예수님인지는 분명하지 않다. 24절 하반절의 대명사 "그"가 누구를 가리키는지 불분명하기 때문이다. 요한은 하나님과 예수님을 구분하여 대명사를 사용하고 있지 않다. 그는 언제나 아들을 통하여 일하시는 아버지와 아버지를 대신하여 나타난 아들을 생각하기에 일부러 불분명하게 대명사를 사용하고 있는 듯한 인상이다

제10장 영을 시험하라

1) 3장에서 사랑에 대하여 논의하던 요한은 4장에 들어서면서 그리스도의 영과 적그리스도의 영에 대하여 논의한다. 그러나 4장 7절부터 다시 사랑에 대하여 논의한다. 4장 1절부터 6절까지의 단락은 사랑에 관한 논의 중간에 삽입구처럼 끼어있다. 이 삽입구는 상당히 의도적인 면이 보인다. 요한은 사랑에 관한 논의를 계속하기 전에 먼저 예수 그리스도의 신성에 관한 문제를 마무리짓고 넘어가야 할 필요성을 느꼈을 것이다. 진리가 뒷바침되는 사랑의 교제라야 더욱 빛나겠기 때문이다.

2) 2:18-28의 단락과 비교해 보라. 같은 내용을 다루고 있다. 2장에서 요한은 아버지와의 친밀한 교제는 아들을 통해서만 가능함을 가르쳤다. 4장에서 요한은 그가 과연 성령과 친밀한 교제를 가졌느냐의 여부는 그가 아들 예수가 그리스도이시며 육체로 오신 분임을 시인하느냐 여부에 달려있다고 가르친다.

3) 렘 23:16. .

4) 마 7:15-20.
5) 5. 마 7:15-20.
6) 마 7:22-23.
7) 요한일서 1장 9절에선 '자백하다'로 번역되었다. "만일 우리가 우리 죄를 자백하면 ―".
8) 요 15:26.
9) 요 16:13-14.
10) 요 10:3-6.
11) 요일 2:20.
12) 요일 2:19

제11장 서로 사랑하라

1) 1. 요일 4:20
2) 요일 4:7
3) 요 1:14
4) 요일 3:10
5) 2장 29절의 논의를 참조하라.
6) C.J. Barker나 John Stott가 이 입장을 취한다. 이에 대한 좀더 자세한 논의는 Smalley(p.257)를 참조하라.
7) '그'는 하나님임으로 '거룩한'으로 번역할 수 있다. '하나님의 사랑'을 '거룩한 사랑'이라고 번역할 수 있는 것과 마찬가지이다.
8) Marshall, *The Epistles of John*, p.216.
9) 요일 1:2
10) 요일 4:14
11) 요 3:16
12) 요 6:69. "우리가 주는 하나님의 거룩한 자신 줄 믿고 알았삽나이다."
13) Smalley, 1,2,3, John, *Word Biblical Commentary* 51. pp. 258-59.
14) 요 15:9
15) 요일 4:19
16) 요일 4:20

제12장 가벼운 삶

1) 어떤 학자들은 여기서 말하는 승리는 그리스도의 승리를 말하는 것이 아니라 신자들의 승리라고 주장한다. 요한이 "우리의 믿음"에서 "우리의" 라는 소유격이 신자들을 가리킨다면, 여기서 말하는 승리는 이단사상을 가진 영지주의자들에 대한 승리를 가리킨다. 요한일서 2:18-19에 이 문제로 요한의 수신자들을 떠나게 된 이단에 대한 언급일 수도 있다. 그러나 본문에 밝힌 대로 여기서 말하는 승리는 '그리스도의 승리'로 보는 것이 더 타당하다.
Burcick, *The Epistles of John*, pp. 346-47; Kenneth Grayston, *The Johannine Epistles, The New Century Bible Commentary*(Grand Rapids:

Eerdnams.. 1984), p.134 참조.
　　요 12:31-32; 14:30; 16:33.

제13장 예수는그리스도다

1) 물과 피가 무엇을 뜻하느냐에 대한 여러 견해가 있다. 물이 세례라면, 피는 성만찬이 라는 해석이 있다(루터, 칼빈 등 몇몇의 주석가들). 또는 예수님께서 십자가에 죽으 실 때 창에 찔려 흘리신 옆구리의 물과 피라는 해석도 있다(어거스틴과 고대의 주석 가들). 터툴리안은 물을 예수의 세례로, 피를 예수의 죽음으로 해석하였다. 세례를 통하여 하나님의 아들이심이 선포되었고 세상 죄를 대신 지고 가는 어린양으로서의 대속적 사역이 확인되었다면, 피를 통하여 구속 사역이 완성되었다. 세 번째 견해가 가장 본문에 적합한 해석으로 보인다.

2) 요 1:29-34

3) 불트만은 요한의 이와 같은 논의가 예수의 역사성에 대한 변호임을 강조한다. Rudolf Bultmann, *The Johannine Epistles Philadelphia Fortress Press*,1973., p.81,2참조.

4) 요 15:25,6.

5) 요 15:27

6) 요 1:32.

7) 라틴어 역에는 하늘에서의 증거 세 가지와 땅 위에서의 증거 세 가지를 언급하고 있 다. 하늘의 증거자로 아버지, 말씀, 성령이 땅 위의 증거자로 성령, 물, 피를 언급한 다. 그러나 라틴어 사본보다 오래된 헬라어 사본에서는 전혀 이와 같은 추가된 텍스 트가 나타나지 않는다. 모두 4세기 이후에 나타나며, 삼위 일체 교리와 연관되어 후 대에 첨가된 부분으로 보인다. Marshall, *The Epistles of John*. Grand Rapids; William B. Eerdmans Publishing Company 1978. pp.234-36 참조.

8) John Stott 요한 서신서 틴델주석씨리즈 19. 김경신역. 기독교문서선교회. 1980. 244쪽 참조.

9) F.F. Bruce 요한 1,2,3서 이상원 역. 서울: 아가페 출판사. 1987. 157쪽 참조.

10) 하나님의 증거가 구체적으로 무엇을 가리키는가에 대한 보다 자세한 논의는 Marshall, *The Epistles of John*. Grand Rapids; William B. Eerdmans Publishing Company, 1978. pp.239-40을 참조하라.

11) 요 20:31

12) Francis J. Moloney *"Johannine Theology"* in The New Jerome Biblical Commentary London: Geoffrey Champan, 1990. p.1420.

제14장 우리가 아는 것

1) 이 외에도 민 18:22; 신 22:26; 사 22:14; 시19:13 등을 참조하라. 터툴리안은 용 서받을 수 있는 일반적인 죄 외에 용서받을 수 없는 죄로 살인, 간음, 신성모독, 우상 숭배 등을 들었다. 특별히 용서받을 수 없는 일곱 가지의 죄들을 명시하였는데, 이러 한 죄의 구분의 근거는 성서적으로 불분명하다.

2) 행 5:1-11.

3) 고전 5:5.

4) 고전 11:30.

5) Howard Marshall, *The Epistles of John*, *Grand Rapids*: William B.

Eerdmans Publishing Company, 1978. reprinted. 1990. p.247. 참조.
6) John Stott, 요한서신서 틴델주석 시리즈 19. 김경신역. 서울: 기독교문서선교회.
   1980. 253, 254쪽 참조.
7) 대표적인 주석가로 다드, 로우 등이 이 견해를 따르고 있다.
8) Howard Marshall, *The Epistle of John*, pp. 245-251.
9) John Stott, *요한서신서* 254, 255쪽 참조.

요한일서를 위한 주석서

주석서는 일반적으로 세 종류로 분류할 수 있다. 첫째는 원문 석의를 중점적으로 다룬 주석서이다. ICCC 주석이 대표적인 예이다. 이러한 종류의 주석서는 원어에 대한 이해를 전제한다. 설교자가 원문을 안다면 가능한 한 원문 중심의 주석서를 많이 활용하는 것이 바람직하다. 본문에 대한 정확한 석의가 우선되어야 보다 확실한 해석이 가능하기 때문이다. 혹 원문에 익숙하지 않더라도 원문의 뜻을 드러내기에 힘쓴 석의 위주의 주석들을 읽는 것이 바람직하다.

둘째는 강해 중심의 주석서이다. 이러한 주석서들은 본문의 자세한 석의보다는 본문이 뜻하는 바를 일반적인 용어로 설명하는데 그 초점을 두고 있다. 이 범주에 드는 주석서가 가장 많다. 이 주석들은 본문이 말하고자 하는 진리가 무엇인가를 규명하여 그 진리를 일반적인 용어로 쉽게 설명하는데 주력한다.

셋째는 설교에 가까운 주석서이다. 이 범주에 드는 주석서들은 본문이 가르치는 진리를 현대 교회나 청중에게 적용하는데 주력한다. 설교자의 입장에선 세 번째 범주에 드는 주석서를 읽고 설교에 적용하고 싶은 유혹이 있겠으나 설교자의 발전을 위해서 이러한 주석서는 가능한 한 마지막에 읽는 것이 좋다.

그렇다면 어떻게 주석서를 읽는 것이 좋을까? 가장 좋은 방법은 먼저 성경 본문을 읽는 것이다. 원어 실력이 있으면 원어로 읽는 것이 바람직하다. 그러나 원어로 성경을 읽을만한 실력이 안 되어도 실망할 필요는 없다. 좋은 번역본이 많기 때문이다. 먼저 한글 성경을 정독하는 것이 필요하다.

다음은 다른 번역본을 비교하며 읽어보는 것이 필요하다. 사실 다른 번역본보다 더 좋은 주석서가 없다고 말하여도 과언이 아니다. 이러한 과정을 통하여 본문을 보다 더 확실하게 파악하게 된다. 본문을 통독하여 전체적인 뜻이 파악되었으면 본문의 보다 더 정확한 뜻을 알기 위하여 본문의 부분 부분을 분석하고 연구해야 한다.

그러나 우선은 주석을 보지 말고 스스로의 힘으로 본문의 뜻을 파악하는 일이 필요하다. 주석을 미리 읽게 되면 '본인만의 통찰력'을 잃어버리는 심각한 과오를 범하기 때문이다. 어느 주석에서도 찾을 수 없는 '본인만의 통찰'이 있다면 이것이야말로 가장 귀한 보물이다. 귀납법적 성경공부 방법을 적용하면 많은 효과를 얻을 수 있다.

의문점과 해결되지 않는 난제 등은 해결되지 않은 질문으로 남겨 놓는다. 나중에 주석서나 혹은 스스로의 연구를 통하여 해결될 수 있을 것이다. 스스로의 관찰과 해석이 끝났으면 주석을 읽어도 된다. 먼저 석의 위주의 주석서를 읽는 것이 좋다. 석의 위주의 주석서들이야말로 본문의 뜻을 드러내는데 가장 큰 도움을 주기 때문이다. 헬라어 문법을 따지고, 문맥에 대한 연구를 하고, 문장 구조 등에 대한 연구가 병행되는 이 작업이야말로 대부분의 사람들이 가장 싫어하는 부분일지도 모른다. 그러나 여기에 많은 시간을 투자하면 투자할수록 보다 더 정확한 해석을 얻을 수 있다.

그 다음에야 강해 위주의 주석서를 읽는 것이 권장된다. 강해 위주
의 주석서를 읽으면서 본문 말씀이 어떠한 진리를 말하고 있는지 전
체적으로 정리하게 된다. '보이스', '바클리' 등의 설교 위주의 주석서
는 가장 마지막에 읽는 것이 좋다. 다음은 요한일서를 위해서 도움이
되는 주석서들이다. 위의 내용을 염두에 두고 다음의 주석들을 잘 활
용해 보라. 그러나 무엇보다도 본인이 성경을 꼼꼼하게 읽으며 뜻을
찾는 작업이 선행되어야 한다.

1. 석의와 주석에 도움이 되는 책

Anderson, John. *An Exegetical Summary of 1, 2, & 3
     John.* Dallas: Summer Institute of Linguistics,
     Inc., 1992
     헬라어 텍스트를 기초로 하여 텍스트 자체가 질문하는
     모든 문제를 다루고 있다. 한 구절 한 구절 모든 구절
     에서 문제가 될 수 있는 헬라어 원문의 문제를 질문하
     고 대답하는 형식을 갖추고 있다. 그릭어 원문을 이해
     하는데 많은 도움이 된다.
Baker, G. W. *"1 John, 2 John, 3 John."* The Expositor's
     Bible Commentary, vol. 12. GRand Rapids:
     Zondervan, 1981.
     본문에 대한 이해뿐 아니라, 영적 통찰력이 돋보인
     다. 저자는 풀러신학교 교수이다.
Brooke, A. E. *A Critical and Exegetical Commentary on*

theJohannien Epistles*. ICC. Edinburgh: T. &
T. Clark, 1912.
헬라어 텍스트를 기본으로 사용한 석의 위주의 주석서
이다. 본문 연구에 매우 유용한 주석이다.

Brown, R. E. *The Epistle of John*. Anchor Bible vol. 30.
New York: Duobleday, 1982.
812쪽에 달하는 방대한 분량의 주석으로 요한일서의
거의 모든 문제를 자세하게 다루고 있다. 학문적 문제
뿐 아니라 목회적 통찰력도 뛰어난 책이다.

Bultmann, R. The Johannine Epistles. Hermenia.
Philadelpnia:Fortress, 1973.
유명한 Hermenia 시리즈 중에 속해 있으며, 양은 많
지 않으나 당시 헬라 세계의 종교적 흐름을 염두에 둔
요한일서 해석이 돋보인다. 설교와 목회적 통찰력보
다는 종교적, 교리적 통찰력이 돋보인다. 감리교신학
대학의 김득중 교수에 의하여 번역 출판되었다. 요한
서신, 김득중 역, 한국신학연구소 1983

Dodd, C. H. The Johannine Epistles. MNTC. New York:
Harper & Row, 1946.
사적 통찰력이 뛰어나다.

Marshall, I. H. The Epistle of John. NICNT. Grand
Rapids: Eerdmans, 1978.
요한일서 주석서중 타의 추종을 불허하는 역작 중의 하

나이다. 면밀한 석의와 깊은 영적 통찰력이 잘 조화된 책이다. 저자는 스코틀랜드 애버딘 대학의 교수이다. 단 한권의 주석밖에 구입할 수 없다면 이 책이야말로 구입해야될 한 권의 책이다.

Samlley, S. *1, 2, 3 John*. WBC 51. Waco, Texas: Word, 1984.

Smalley는 요한 연구가로 널리 알려진 학자이다. 원문에 대한 석의가 돋보이는 책이다.

Strecker, Georg. *Die Johannesbrief*. Göttingen: Vandenhoeck & Ruprecht, 1989.

Strecker, Georg. *The Johannine Letters*. Hermenia. Translation by Linda M. Maloney. Philadelphia : Fortress, 1995.

Hermenia 시리즈의 일환으로 집필된 이 주석은 1973년에 집필된 불트만의 저작 이후 22년 만에 그간의 학문적 공백을 메우기 위하여 새로 출판된 책이다. Strecker는 불트만의 제자이다.

2. 강해에 도움이 되는 책

Barclay, W. *The Letters of John*. Philadelphia: Westminster, 1976.

Barclay의 다른 책과 마찬가지로 읽기에 지루하지 않고 재미있다. 곳곳에 뛰어난 통찰력이 돋보인다. 그러나 문제에 대한 여러 가지 가능한 대안을 제시하지 않은 채 자신의 논의를 자신 있게 밀고 나가기 때문에 저자의 대안만이 해결책의 전부인 것처럼 착각하기 쉽다. 바클리를 읽는 사람은 반드시 다른 주석서를 겸해서 읽어야 한다.

Bruce, F. F. *The Epistles of John*. Grand Rapids: Eerdmans, 1970.

복음적이며 읽기 쉬운 책이다. 전체적인 흐름을 잡기에는 좋은 책이다. 석의에 강점을 지닌 다른 주석서와 함께 읽으면 도움이 된다. 한글로 번역 출판되었다. 이상원역, 아가페 출판사, 1987

Stott, J. R. W. The Epistles of John. Grand Rapid: Eerdmans, 1964.

가장 많이 읽히는 강해서 중 하나이다. 복음적이며 학문적으로도 견고하다. 요한일서의 가르침을 현대 교회에 적용하는 통찰력이 뛰어나다. 한글로 번역 출판되었다. 요한서신서, 틴델주석 시리즈 19. 김경신역. 기독교문서선교회, 1980.

Thompson, M. M. *1-3 John*. IVPNTC. Downer's Grove, III : InterVarsity, 1992.

설교자에게 많은 도움이 되는 강해서이다. 학문적인 연구를 실제 설교자가 유용하게 이용할 수 있도록 쓰인 강해서이다. 저자는 풀러신학교 교수이다.

3. 요한에 대한 일반적 연구

Ashton, J. *Understanding the Fourth Gospel*. Oxford:
Clarendon, 1991.
요한 연구를 위한 필독서적. 요한에 대한 그간의 연구
업적을 종합한 학술서적이다.

Brown, R. E. *The Community fo the Beloved Disciple:
The Life, Loves, and Hates of an Individual
Church in New Testament Times*. New York:
Paulist, 1979.
요한복음과 요한서신서를 통하여 요한이 속한 공동체의
삶과 역사를 재구성한 책이다.

Cullman, O. *The Johannine Circle*. London: SCM, 1976
신약배경에서 본 요한 공동체의 삶을 역사적으로 재구
성하여 보여준다.

Culpepper, R. A. *The Johannine School*. Missoula,
Mont: Scholars, 1975.
초대 교회 당시 학파나 종파를 소개하고 당시 학파나
종파가 요한 공동체와 어떤 연관을 갖고 있는지에 대
하여 소개한다.

Law, R. *The Tests of Life: A Study of the First Epistle of St. John.* Edinburgh: T. & T. Clark, 1914, reprint, Baker, 1968.
학문적 식견과 영적 통찰력이 잘 결합된 고전 중의 하나. 주제별 연구가 돋보인다.

Painter, J. *The Quest for the Messiah: The History, Literature and Theology of the Johannine Community.* Edinburgh: T. & T. Clark, 1993.
현재까지의 요한에 대한 모든 연구 업적을 종합하여 사복음서와 요한일서에 대한 모든 학문적 자료를 망라하여 예수가 메시야로 소개되는 과정을 학문적으로 정리하였다.

______, *John: Witness and Theologian.* London: SPCK, 1975.
요한 연구에 대한 기초 개론서. 처음 요한을 연구하고자 하는 사람이 읽기에 좋은 책이다.

Smally, S. S. *John: Evangelist and Interpreter.* Exeter: Paternoster, 1978, reissued, 1983.
학문적으로 요한을 연구하고자 하는 사람이 기본적으로 읽어야 될 개론서이다.

4. 신학적 연구를 위한 책

다음에 소개되는 책들은 요한과 요한의 공동체에 대한 신학적 이해를 기술한 책들이다.

Bogart, J. L. *Orthodox and Heretical Perfectionism in the Johanine Community as Evident in the First Epistles of John*, SBLDS 33, Missoula, 1977

Burge, G. *The Anointed Community. The Holy Spirit in the Johannine Tradition*, Michigan, 1987

Feuillet, A. *Le Mystere di l'amour divin dans la theologie johannique*, EBib., Paris, 1972

Heise, J. BLEIBEN. *Menein in den johanneischen Schriften*, Tübingen, 1967

Lazure, N. *Les Valeurs morales de la theologie johannique*, Paris, 1965

Lieu, Judith M. *The Theology of the Johannine Epistles.* Cambridge:Cambridge University, 1991

Malatesta, E. *Interiority and Covenant*, AnBib 69, Rome, 1978

Okure, T. *The Johannine Approach to Mission*, WUNT 31, Tübingen, 1988

Vellanickal, M. *The Divine Sonship of Christians in the Johannine Writings*, AnBib 72, Rome, 1977

좀더 전문적인 자료를 원하면 Strecker의 The Johannine Letters의 271-283쪽을 참조하라. 초기 교회의 자료, 중세기의 자료, 종교개혁기의 자료, 20세기 자료 등이 연대순으로 분류되어 있다.

영성 있는 그리스도인

2004년 2월 20일 1판 1쇄 인쇄
2004년 2월 25일 1판 1쇄 발행

저 자 / 최 명 덕
발행자 / 심 혁 창

발행처 / 도서출판 한글
서울특별시 마포구 아현동 371-1
☎ 363-0301 / 362-8635 / FAX 362-8635
본사 홈페이지 : www.han-geul.co.kr
E-mail : simsazang@hanmail.net
등록 1980. 2. 20 제10 - 33호

▲ 파본은 교환해 드립니다

정가 8,000 원

ISBN 89-7073-081-8-93230